उद्धार क्यों विफल होता है - और कैसे परमेश्वर की अग्नि आत्मा को पुनर्स्थापित करती है:

सर्वांगीण उद्धार के लिए 40 दैनिक घोषणाएँ

द्वारा

राजदूत सोमवार ओ. ओग्बे ; आराम लाडी ओग्बे ;
ज़कारियास गॉडसीगल

Table of Contents

उद्धार क्यों विफल होता है - और कैसे परमेश्वर की अग्नि आत्मा को पुनर्स्थापित करती है: 1

सर्वांगीण उद्धार के लिए 40 दैनिक घोषणाएँ 1

द्वारा..1

राजदूत सोमवार ओ. ओग्बे ; आराम लाडी ओग्बे ; ज़कारियास गॉडसीगल....1

कॉपीराइट पृष्ठ 7

पुस्तक के बारे में - उद्धार क्यों विफल होता है - और परमेश्वर की अग्नि आत्मा को कैसे पुनर्स्थापित करती है: सर्वांगीण उद्धार के लिए 40 दैनिक घोषणाएँ 9

पिछला कवर पेपरबैक विवरण...14

प्रस्तावना 16

समर्पण..19

आभार...20

परिचय 23

इस गाइड का उद्देश्य...25

इस गाइड का उपयोग कैसे करें 26

अध्याय 1 - उद्धार क्यों विफल होता है - और परमेश्वर की अग्नि आत्मा को कैसे पुनर्स्थापित करती है - सर्वांगीण उद्धार के लिए 40 दैनिक घोषणाएँ...30

40 दैनिक वचन, स्वीकारोक्ति और पश्चाताप, त्याग के साथ प्रार्थना, घोषणाएँ, मुहर लगाना और धन्यवाद देना..................37

अग्नि बिंदु 1 - पवित्र अग्नि, मेरा नाम पुकारते हुए प्रत्येक वेदी का पता लगाओ और उसे भस्म कर दो....................................38

अग्नि बिंदु 2 - ईश्वर की अग्नि, मेरे रक्त को प्रदूषण और वाचाओं से शुद्ध कर....................................41

अग्नि बिंदु 3 - पवित्र अग्नि, हर आत्मा, जीवनसाथी और बुरे मिलन को भस्म कर दे....................................43

अग्नि बिंदु 4 - ईश्वर की अग्नि, मेरे सपनों में नवीनीकृत हर बुरी वाचा को जला दो....................................45

अग्नि बिंदु 5 — यहोवा की अग्नि, निगरानी करने वाली आत्माओं को उजागर करें और भस्म करें....................................47

अग्नि बिंदु 6 - मुक्ति की अग्नि, विलंब और ठहराव की जंजीरों को तोड़ें....................................49

अग्नि बिंदु 7 - आत्मा की अग्नि, घरेलू देवताओं और परिचित आत्माओं को उलट दें....................................51

अग्नि बिंदु 8 - पवित्र अग्नि, आरोप और निंदा की आवाज को नष्ट करें....................................54

अग्नि बिंदु 9 - ईश्वर की अग्नि, मेरे सद्गुण और चुराई हुई महिमा को पुनः स्थापित करो....................................56

अग्नि बिंदु 10 - प्रभु की अग्नि, भय और रात्रि के आतंक को भस्म कर दे....................................58

अग्नि बिंदु 11 - पवित्र अग्नि, मेरे मन को नवीनीकृत कर और धोखे को जला दे....................................60

अग्नि बिंदु 12 - पवित्रता की अग्नि, मेरे हृदय को क्रोध और कड़वाहट से शुद्ध कर दो....................................62

अग्नि बिंदु 13 - उद्देश्य की अग्नि, मेरे आह्वान और भाग्य को प्रज्वलित करो... 65

अग्नि बिंदु 14 - प्रावधान की आग, अभाव के डर को तोड़ो......... 67

अग्नि बिंदु 15 - पवित्रता की अग्नि, मेरी आँखों और इच्छाओं को पवित्र करो.. 69

अग्नि बिंदु 16 - शक्ति की अग्नि, थकान की भावना को तोड़ें...... 71

अग्नि बिंदु 17 - एकता की अग्नि, मेरे रिश्तों को ठीक करो......... 73

अग्नि बिंदु 18 - आनंद की अग्नि, मेरी आराधना और आनंद को पुनर्स्थापित करो.. 75

अग्नि बिंदु 19 - साहस की अग्नि, भय और धमकी की शक्ति को तोड़ें.. 77

अग्नि बिंदु 20 - संरक्षकता की अग्नि, मेरे घर और प्रियजनों को घेर लो 79

अग्नि बिंदु 21 - मेरे परिवार पर पुनर्स्थापना की अग्नि................ 81

अग्नि बिंदु 22 - शरीर और आत्मा में उपचार की अग्नि.............. 83

अग्नि बिंदु 23 - बुरी नींव से मुक्ति की अग्नि............................ 85

अग्नि बिंदु 24 - उत्पीड़न और अन्याय पर विजय की अग्नि......... 87

अग्नि बिंदु 25 - विवेक और आध्यात्मिक दृष्टि की अग्नि............ 89

अग्नि बिंदु 26 - परिवर्तन के मौसम में स्थिरता की अग्नि............ 91

अग्नि बिंदु 27 - निर्णय और रणनीति के लिए ज्ञान की अग्नि....... 93

अग्नि बिंदु 28 — पवित्र सेवा और विनम्रता की अग्नि................ 95

अग्नि बिंदु 29 - आत्माओं के लिए मध्यस्थता और करुणा की अग्नि 97
अग्नि बिंदु 30 - महिमा और निरंतर उपस्थिति की अग्नि............ 99
अग्नि बिंदु 31 - अभिषेक की अग्नि और स्वच्छ हाथ................ 101
अग्नि बिंदु 32 - आज्ञाकारिता और संरेखण की अग्नि 102
अग्नि बिंदु 33 - विश्वास और अटूट भरोसे की आग................ 104
अग्नि बिंदु 34 - दुःख में आनंद और प्रशंसा की अग्नि 105
अग्नि बिंदु 35 - दया और क्षमा की अग्नि.............................. 106
अग्नि बिंदु 36 — प्रार्थना और सतर्कता की अग्नि.................... 107
अग्नि बिंदु 37 - तूफान में शांति की आग 108
अग्नि बिंदु 38 — राज्य की अग्नि का प्रभाव और प्रभाव........... 109
अग्नि बिंदु 39 - धीरज और अंतिम अनुग्रह की अग्नि 110
अग्नि बिंदु 40 - अनन्त महिमा और आराधना की अग्नि........... 111
वचन में जीने की योजना... 112
वचन में जीना — नमूना आवेदन -1....................................... 116
वचन में जीना — नमूना आवेदन 2... 121
वचन में जीना — नमूना आवेदन 3... 126
निष्कर्ष 131
दोबारा जन्म कैसे लें और मसीह के साथ एक नया जीवन कैसे शुरू करें.. 134
मसीह में नए जीवन का प्रमाण पत्र... 138

गॉड्स ईगल मिनिस्ट्रीज़ से जुड़ें..140

लेखकों के बारे में..142

अनुशंसित पुस्तकें और संसाधन...144

बचाया गया लेकिन खोया हुआ - शिष्यहीन धर्मांतरित - 25 भाषाओं में अनुवादित 144

आध्यात्मिक युद्ध और पुनर्प्राप्ति के 7 दिन - यह भाग 1 है 145

आध्यात्मिक युद्ध और पुनर्प्राप्ति के 7 दिन - भाग 2 - विजय की मुहर लगाना, घरेलू दुष्टता को तोड़ना, और अपने पुनर्स्थापित भाग्य को सुरक्षित रखना..147

कॉपीराइट पृष्ठ

शीर्षक:
उद्धार क्यों विफल होता है — और परमेश्वर की अग्नि आत्मा को कैसे पुनर्स्थापित करती है: सर्वांगीण उद्धार के लिए 40 दैनिक घोषणाएँ

लेखक:
ज़कारियास गॉडसीगल
राजदूत मंडे ओ. ओगबे
कम्फर्ट लेडी ओग्बे

प्रकाशक:
ज़कारियास गॉडसीगल प्रकाशन
गॉड्स ईगल मिनिस्ट्रीज़ (GEM) के साथ साझेदारी में
Otakada.org | WealthBeyondWorrySeries.com

पवित्रशास्त्र के उद्धरण पवित्र बाइबल के किंग जेम्स संस्करण (केजेवी) से लिए गए हैं, जो सार्वजनिक डोमेन में है।
जहां भी अन्य अनुवाद का उपयोग किया गया है, उसे स्वीकार किया जाता है।

कवर डिज़ाइन: गॉड्स ईगल मिनिस्ट्रीज़ क्रिएटिव यूनिट
इंटीरियर डिज़ाइन और लेआउट: GEM संपादकीय और प्रोडक्शन टीम

द्वारा प्रकाशित:
गॉड्स ईगल मिनिस्ट्रीज़ (GEM)
नंबर 8, सहाबा निवास, लुग्बे, अबुजा, नाइजीरिया
ईमेल: info@otakada.org | ambassador@otakada.org
वेब: www.otakada.org

दुनिया भर में मुद्रित और वितरित
ज़कारियास गॉडसीगल और गॉड्स ईगल मिनिस्ट्रीज़ पब्लिकेशन्स

पुस्तक के बारे में - उद्धार क्यों विफल होता है - और परमेश्वर की अग्नि आत्मा को कैसे पुनर्स्थापित करती है: सर्वांगीण उद्धार के लिए 40 दैनिक घोषणाएँ

मुक्ति का अर्थ कभी भी घूमने वाला दरवाज़ा नहीं था - आज स्वतंत्र, कल बाध्य।
इसे विश्वासी की स्थायी विरासत के रूप में तैयार किया गया था:
"यदि पुत्र तुम्हें स्वतंत्र करेगा, तो तुम सचमुच स्वतंत्र हो जाओगे।" - यूहन्ना 8:36

यह पुस्तक प्रत्येक ईसाई के लिए लिखी गई है, जिसने अदृश्य लड़ाइयां लड़ी हैं, एक क्षण के लिए विजय प्राप्त की है, फिर आश्चर्य किया है कि संघर्ष वापस क्यों आया।
यह उपवास करने वाले उस विश्वासी के लिए है जो कई दिनों तक प्रार्थना करता है, फिर भी उसे उसी पीड़ा का सामना करना पड़ता है।
यह उस सेवक के लिए है जो दूसरों पर हाथ रखता है, लेकिन गुप्त रूप से चाहता है कि परमेश्वर का हाथ उस पर रखा जाए।
और यह उन लोगों के लिए है जो उथले उत्तरों से थक चुके हैं, तथा स्थायी परिवर्तन के लिए भूखे हैं।

इस पुस्तक का हृदय

उद्धार क्यों विफल होता है - और कैसे ईश्वर की अग्नि आत्मा को पुनर्स्थापित करती है, यह विधियों का एक और मैनुअल नहीं है; यह परिवर्तन की एक यात्रा है।
चालीस दैनिक घोषणाओं के माध्यम से, आप अपने जीवन की आंतरिक दीवारों का पुनर्निर्माण करेंगे जब तक कि अंधकार के लौटने के लिए कोई जगह न बचे।

प्रत्येक घोषणा तीन चीजों को आमंत्रित करती है:

1. पश्चाताप - पाप के लिए खोले गए द्वारों को बंद करना।

2. नवीनीकरण - अपने हृदय रूपी घर को वचन से भरना।

3. राज्य करो - प्रतिदिन उस अधिकार में चलो जो मसीह ने तुम्हें पहले ही दे दिया है।

यह कोई निष्क्रिय पाठ नहीं है; यह एक आध्यात्मिक अभ्यास है जो धर्मशास्त्र को साक्ष्य में बदल देता है।
हर प्रार्थना पवित्रशास्त्र से गढ़ी गई है। हर कहानी विजय की ओर इशारा करती है ।
और हर दिन की घोषणा आपके भाग्य के चारों ओर आग की दीवार का पुनर्निर्माण करती है।

तीन सच्ची कहानियाँ जिन्होंने इस कार्य को प्रेरित किया

1. वह संगीतकार जिसने अपना गीत खो दिया

एक बार उन्होंने ऐसी आराधना की थी जिससे लोग रो पड़े थे। फिर अजीबोगरीब सपने आने लगे—हाथों ने उनकी आवाज़ दबा दी, परछाइयाँ उनकी स्तुति का मज़ाक उड़ा रही थीं।

वह मुक्ति की तलाश में एक बैठक से दूसरी बैठक तक दौड़ता रहा, लेकिन सन्नाटा बढ़ता ही गया।

एक रात, लूका 4 को पढ़ते हुए, जहाँ यीशु ने कहा था, "यह लिखा है", उसे सच्चाई का एहसास हुआ: उसने परमेश्वर के बारे में गाना तो सीखा था, लेकिन उसके वचन से पोषण पाना नहीं सीखा था।

वह रोज़ाना ज़ोर से पवित्रशास्त्र पढ़ने लगा—एक-एक भजन। कुछ ही हफ़्तों में, सपने ख़त्म हो गए और धुन वापस आ गई।

मुक्ति शोर से नहीं, बल्कि पोषण से आई।

2. वह महिला जिसने गलत दरवाज़ा बंद कर दिया लेकिन दूसरा खुला छोड़ दिया

उसने अपनी दादी द्वारा दी गई मूर्तियों को नष्ट कर दिया था, फिर भी उसे कष्टदायक बुरे सपने आते रहे।

परामर्श के दौरान, पवित्र आत्मा ने एक छिपे हुए द्वार को उजागर किया - उसकी काल्पनिक उपन्यासों और फिल्मों की लत।

उसने उपवास किया, उन सामग्रियों को जला दिया, और उनके स्थान पर आराधना संगीत और धर्मग्रंथ रख दिए।

उस रात वह वर्षों में पहली बार शांति से सोयी।

उद्धार इसलिए असफल नहीं होता क्योंकि परमेश्वर कमजोर है; यह तब असफल होता है जब विश्वासी कोई खिड़की खुली छोड़ देता है।

3. वह युवा पादरी जिसने बिना आग के प्रार्थना करने की कोशिश की

उन्होंने मुक्ति का उपदेश दिया लेकिन निजी तौर पर अवसाद से जूझते रहे।
एक सुबह उन्होंने रोमियों 12:1–2 पढ़ा: "तुम्हारी बुद्धि के नये हो जाने से तुम्हारा चाल-चलन भी बदलता जाए।"
उसने शक्ति की खोज करना बंद कर दिया और नवीनीकरण की खोज शुरू कर दी - दुष्टात्माओं को भगाने के लिए नहीं, बल्कि वचन को समृद्ध रूप से वास करने के लिए उपवास किया।
कुछ ही महीनों में उनकी आवाज बदल गई, उनका विश्वास गहरा हो गया, और जो लोग कभी मदद के लिए आते थे, अब उनकी छाया में राहत पाते थे।
जब वेदी पुनः जलती है, तो स्वतंत्रता आती है।

यह पुस्तक क्यों महत्वपूर्ण है

क्योंकि आज बहुत से विश्वासी प्रार्थना करना जानते हैं, परन्तु बहुत कम लोग जानते हैं कि स्वतंत्र कैसे रहें।
हम घटनाओं का पीछा करते हैं लेकिन मुठभेड़ की उपेक्षा करते हैं।
हम अंधकार से लड़ते हैं लेकिन प्रकाश को पोषित करना भूल जाते हैं।
और विजय और रखरखाव के बीच के अंतराल में, दुश्मन अपने घोंसले का पुनर्निर्माण करता है।

यह पुस्तक उस कमी को पूरा करती है।
यह सिर्फ बाहर नहीं निकालता; यह आपको कब्जा करना सिखाता है।
यह न केवल यह उजागर करता है कि क्या गलत हुआ; बल्कि यह दिखाता है कि कैसे सही बने रहें।
आप अपने मन को एक किले की तरह सुरक्षित रखना, अपनी आत्मा को एक दीपक की तरह पोषित करना, तथा प्रतिदिन एक ऐसी ज्वाला की तरह जीना सीखेंगे जिसे बुझाया नहीं जा सकता।

अंतिम शब्द

प्रत्येक अध्याय, प्रत्येक श्लोक, प्रत्येक घोषणा आपके हाथों में एक वेदी पत्थर है।
यदि आप लगातार निर्माण करते रहेंगे, तो आप वही देखेंगे जो एलिय्याह ने देखा था - प्रभु की आग बलिदान को भस्म कर रही थी और शत्रु को चुप करा रही थी।

स्वतंत्रता दूर नहीं है; यह एक घोषणा से दूर है।
इस पुस्तक को अपने हाथ की माचिस बना लें।
विश्वास के साथ इसके पृष्ठ खोलें, इसके शब्दों को ईमानदारी से प्रार्थना करें, और देखें कि ईश्वर की अग्नि आपकी आत्मा को कैसे पुनर्जीवित करती है।

पिछला कवर पेपरबैक विवरण

कुछ विश्वासियों को अस्थायी विजय का अनुभव क्यों होता है - और फिर वे उन्हीं अदृश्य लड़ाइयों में क्यों उलझ जाते हैं?
वे प्रार्थना करते हैं, उपवास करते हैं, रोते हैं, फिर भी अंधकार लौट आता है।
वे एक क्षण के लिए मुक्त होते हैं, लेकिन पाते हैं कि वही जंजीरें किसी अन्य रूप में प्रतीक्षा कर रही हैं।

इसका उत्तर यह नहीं है कि परमेश्वर की सामर्थ्य कम हो गई है - बल्कि यह है कि बहुतों ने बाहर निकालना तो सीख लिया है, परन्तु निर्माण करना नहीं।
उद्धार तब असफल हो जाता है जब वह वेदी पर ही समाप्त हो जाता है और कभी हृदय तक नहीं पहुंचता।
स्वतंत्रता राक्षसों की अनुपस्थिति नहीं है; यह हमारे भीतर अग्नि, शब्द और आत्मा की उपस्थिति है।

इस अभूतपूर्व भक्ति पुस्तक में, उद्धार क्यों विफल होता है - और ईश्वर की अग्नि आत्मा को कैसे पुनर्स्थापित करती है, आप जानेंगे कि:

संगति के बिना विश्वास शक्ति का क्षय करता है।

आज्ञाकारिता तेल से भी अधिक शक्तिशाली है।

अंतरंगता उस चीज को कायम रखती है जिसे अधिकार शुरू करता है।

मन का नवीनीकरण ही वास्तविक युद्धक्षेत्र है।

यीशु ने जो "लिखा है" कहा था, वही आज भी प्रलोभन को शांत करता है।

सर्वांगीण मुक्ति के लिए 40 दैनिक घोषणाओं के माध्यम से, आप:

पुराने दरवाजे बंद करें और अनुग्रह के नए आयाम खोलें।

भय को अग्नि से तथा भ्रम को स्पष्टता से प्रतिस्थापित करें।

विश्वास, अनुशासन और भक्ति की आंतरिक दीवारों का पुनर्निर्माण करें।

स्थायी स्वतंत्रता और परमेश्वर के साथ नई घनिष्ठता में चलें।

प्रस्तावना

“हमारा परमेश्वर भस्म करने वाली आग है।” — इब्रानियों 12:29 (KJV)

यह पुस्तक सिद्धांत से नहीं, बल्कि युद्ध से जन्मी है।
यह प्रार्थना की गहराई में, रातों की नींद हराम करके, तथा उन क्षणों में लिखा गया था जब ईश्वर की अग्नि शब्दों से परे गहराई से जल रही थी।
प्रत्येक घोषणा, प्रत्येक श्लोक, प्रत्येक पृष्ठ में मुक्ति की ध्वनि है - धर्म का शोर नहीं, बल्कि मुक्ति की प्रतिध्वनि।

उद्धार विश्वासी के लिए कोई अजीब घटना नहीं है; यह उन सभी लोगों की दैनिक विरासत है जो परमेश्वर के साथ चलते हैं।
क्रूस न केवल क्षमा का स्थान था; यह स्वतंत्रता का स्थान भी था।
यीशु ने न केवल हमें पाप से बचाने के लिए अपनी जान दी, बल्कि प्रभुत्व, प्रतिष्ठा और पिता के साथ दैनिक संगति को पुनः स्थापित करने के लिए भी अपनी जान दी।

फिर भी, बहुत से लोग जो परमेश्वर से प्रेम करते हैं, वे अभी भी स्वयं को अदृश्य कारागारों में फंसा हुआ पाते हैं - भय, भ्रम, वासना, ठहराव और आध्यात्मिक थकान के चक्रों में।
वे प्रार्थना करते हैं, उपवास करते हैं और रोते हैं, लेकिन जंजीरें बनी रहती हैं।
यही कारण है कि ये 40 दैनिक घोषणाएं मौजूद हैं **: ताकि आपको घटना-आधारित मुक्ति से आगे बढ़कर सतत परिवर्तन की ओर बढ़ने में मदद मिल सके।**

यह प्रार्थना की ऊंची आवाज नहीं है जो बंधनों को तोड़ती है, बल्कि पवित्र आत्मा की अग्नि के नीचे हृदय और सच्चाई का समन्वय है।

यह अग्नि शुद्ध करती है, नष्ट नहीं करती।
यह खुलासा करता है, निंदा नहीं करता।
यह पैतृक बंधन, आध्यात्मिक थकान और मानव आत्मा को प्रदूषित करने वाली समुद्री प्रणालियों के अवशेषों को जला देता है।
यह वही आग है जिसने एलिय्याह की वेदी पर बलिदान को भस्म कर दिया, यशायाह के होठों को शुद्ध किया, और पिन्तेकुस्त की सुबह शिष्यों को शक्ति प्रदान की।

यहां आपको जटिल अनुष्ठान नहीं मिलेंगे - केवल परमेश्वर का जीवित वचन, जिसे स्वीकार किया जाता है, जिस पर विश्वास किया जाता है, तथा जिसे प्रतिदिन जीया जाता है।
आपको भय से प्रेरित प्रार्थनाएं नहीं मिलेंगी, बल्कि विश्वास से प्रेरित घोषणाएं मिलेंगी जो मन को नवीनीकृत करती हैं, आत्मा को स्वस्थ करती हैं, और विश्वासी को मसीह यीशु की चट्टान पर स्थापित करती हैं।

जब आप प्रतिदिन इन चालीस प्रार्थना बिन्दुओं से गुजरेंगे, तो वचन एक दर्पण बन जाएगा, आत्मा आपकी अग्नि बन जाएगी, और रक्त आपका आवरण बन जाएगा।
आपकी आवाज़ पुनः अधिकार प्राप्त कर लेगी।
आपके सपने शुद्ध हो जायेंगे.
आपका मन नया हो जायेगा.
और आपकी आत्मा उस स्थान पर चढ़ जाएगी जहां मसीह ने आपको पहले से ही बैठा दिया है - सभी प्रधानता और शक्ति से बहुत ऊपर।

अब आप ज़मीन से नहीं लड़ेंगे; आप जीत से लड़ेंगे।
क्योंकि जिसने तुम्हें बुलाया है वह सच्चा है, और उसकी आग अब भी स्वेच्छा से की गई वेदियों पर गिरती है।

पूर्ण मुक्ति और दिव्य पुनर्स्थापना के आपके युग में आपका स्वागत है।
उस आग में आपका स्वागत है जो आपको संपूर्ण बनाती है।

समर्पण

हर उस विश्वासी के लिए जिसने अपने तकिये पर आंसू बहाते हुए अदृश्य लड़ाई लड़ी है, फिर भी हार नहीं मानी।
हर उस आत्मा के लिए जिसने उपवास किया है, प्रार्थना की है, और सोचा है, "संघर्ष क्यों वापस आता है?"
उन योद्धाओं के लिए जो मुक्ति की वेदी पर खड़े हैं लेकिन अभी भी स्थायी शांति की चाह रखते हैं - यह पुस्तक आपके लिए है।

उन मध्यस्थों के लिए जो गुप्त प्रार्थना में राष्ट्रों और परिवारों का बोझ उठाते हैं,
उन लोगों के लिए जो दूसरों की आज़ादी के लिए संघर्ष करते हुए अपनी नींद खो चुके हैं,
हर पादरी, मिशनरी और मंत्री को, जिसने थकी हुई आँखों में आग की लपटें देखी हैं - यह आग आपकी भी है।

टूटे हुए लोगों के लिए जो अभी भी विश्वास करते हैं,
उन बलवानों के लिए जो अभी भी रोते हैं,
और बुलाए हुए लोगों को जो अब भी प्रतीक्षा करते हैं —
ये शब्द आपको याद दिलाएं कि जिस परमेश्वर ने आपको युद्ध के लिए बुलाया है, वह आपको विजय के बिना नहीं छोड़ेगा।

यह पुस्तक अवशेष चर्च को समर्पित है -
जो बाल के आगे नतमस्तक नहीं होंगे और न ही वेदी से समझौता करेंगे;
जो ठंडी होती जा रही दुनिया में आग की लपटों की तरह जिएंगे।

तुम उसके हाथ में आग का अंगारा हो,
वह चिंगारी जो घरों, शहरों और राष्ट्रों को उसकी महिमा से प्रज्वलित करेगी।
जलने वाली आग आपको मिले, आपको भर दे, और आपके माध्यम से प्रवाहित हो - जब तक कि दुनिया को पता न चल जाए कि हमारा परमेश्वर अभी भी आग के माध्यम से उत्तर देता है।

आभार

पवित्र आत्मा, मेरे सबसे महान साथी और शिक्षक -
आप हर शब्द के पीछे की आग हैं, हर फुसफुसाहट के पीछे की आवाज हैं, और हर जीत के पीछे की शक्ति हैं।
आपके बिना, ये पृष्ठ खाली स्याही होंगे; आपके साथ, वे जीवन से जलते हैं।
हर रहस्योद्घाटन के लिए, प्रार्थना की हर रात के लिए, हर बोझ को सफलता में बदलने के लिए धन्यवाद।
सारी महिमा आपके पास लौट आती है।

प्रभु यीशु मसीह, जीवित वचन और हमारे उद्धार के कप्तान -
आपकी आज्ञाकारिता ने अंधकार के कार्यों को नष्ट कर दिया, आपके रक्त ने हमारी स्वतंत्रता को सील कर दिया, और आपके पुनरुत्थान ने हमारे प्रभुत्व की गारंटी दी।
यह कार्य अनेक लोगों को न केवल मुक्ति में बल्कि आपके साथ दैनिक संगति में रहने के लिए प्रेरित करे।

ज्योतियों के पिता को, जो मेरे ढाल, मेरे स्रोत और मेरे पालनहार रहे हैं
-
इन पृष्ठों में प्रत्येक अंतर्दृष्टि, प्रत्येक चमत्कार, प्रत्येक गवाही आपकी दया से प्रवाहित होती है।
इस पीढ़ी में आपकी सच्चाई के वाहक के रूप में सेवा करने के विशेषाधिकार के लिए धन्यवाद।

जो लोग इस अंतराल में खड़े रहे हैं - मध्यस्थ, पादरी और मित्र -
जिसने प्रार्थना की, उपवास किया, और मेरे साथ आत्माओं का बोझ उठाया:
आपकी निष्ठा उस आग का हिस्सा है जिसने इस पुस्तक को जन्म दिया।
आपका गुप्त परिश्रम प्रभु के सामने खुलकर प्रकट हो।

उन पुरुषों और महिलाओं के लिए जिनकी कहानियों ने इन पृष्ठों को प्रेरित किया
जिन्होंने रात भर कुश्ती लड़ी और भोर में विजय पाई -
आपकी गवाहियाँ यह सिद्ध करती हैं कि छुटकारा कोई मिथक नहीं बल्कि एक चमत्कार है जो तब भी घटित होता है जब वचन विश्वास से मिलता है।

इसे पढ़ने वाले विश्वव्यापी विश्वासियों के लिए -
आप ही वह कारण हैं जिसके लिए यह पुस्तक लिखी गई।
प्रत्येक घोषणा, प्रत्येक धर्मग्रंथ, और प्रत्येक प्रार्थना आपको ध्यान में रखकर गढ़ी गई थी।
आपका हृदय फिर से ईश्वर के लिए भूख से जल उठे,
और आपका घर एक जीवित वेदी बन जाए जहां उसकी अग्नि कभी न बुझे।

अंत में, दुनिया भर में परमेश्वर के अनगिनत सेवकों के लिए
जो उद्धार और शिष्यत्व में चुपचाप परिश्रम करते हैं —
यह तुम्हारे लिये स्मरण रखने वाली बात है: युद्ध यहोवा का है।
आपकी आग फीकी नहीं पड़ रही है; वह परिष्कृत हो रही है।
दबाव डालते रहें, प्रार्थना करते रहें, और आत्माओं को यीशु की ओर वापस लाते रहें -
क्योंकि वही अग्नि जो तुम्हें बुलाती है, अभी भी तुम्हारे भीतर जल रही है।

"क्योंकि परमेश्वर ही है जिसने अपनी सुइच्छा निमित्त तुम्हारे मन में इच्छा और काम, दोनों बातों के करने का प्रभाव डाला है।" — फिलिप्पियों 2:13

परिचय

"जो परमेश्वर आग गिराकर उत्तर दे, वही परमेश्वर ठहरे।" — 1 राजा 18:24 (KJV)

आगे दिए गए पृष्ठ कोई अनुष्ठान या सूत्र नहीं हैं; वे जीवित परमेश्वर के साथ चालीस दैनिक मुलाकातें हैं।
प्रत्येक घोषणा पवित्रशास्त्र से ली गई है और विश्वासियों को मसीह में गहन पश्चाताप, नवीनीकरण और अधिकार की ओर ले जाने के लिए तैयार की गई है।

बाइबल में आग कभी भी केवल विनाश का प्रतीक नहीं है।
यह परमेश्वर की उपस्थिति, पवित्रता, शुद्धता और शक्ति का प्रतीक है।
जब मूसा परमेश्वर से मिला तो झाड़ी जल गयी, परन्तु भस्म नहीं हुई।
जब पिन्तेकुस्त के दिन आत्मा उतरा, तो वह आग की जीभों के रूप में आया।
जब भविष्यद्वक्ताओं ने स्वर्ग से प्रार्थना की, तो आग ने उत्तर दिया, जिससे यह सिद्ध हुआ कि सच्चा परमेश्वर अभी भी राज करता है।

अग्नि की भाषा में प्रार्थना करना सांसारिक ज्वालाओं को बुलाना नहीं है, बल्कि पवित्र आत्मा की शुद्धि, परिशोधन और सुरक्षात्मक उपस्थिति का स्वागत करना है—
वह अग्नि जो पाप को धोती है, अहंकार को पिघलाती है, भय को भस्म करती है, और साहस का निर्माण करती है।

प्रत्येक विश्वासी को इस आग की आवश्यकता है:
वह अग्नि जो भीतर के अंधकार को जला देती है,

जो घायल आत्मा को चंगा करता है,
जो वहां सामंजस्य स्थापित करता है जहां कभी समझौता हुआ करता था।

ये चालीस दैनिक घोषणाएँ आपको उस आग को जलाए रखने में मदद करेंगी।
इन्हें कविता के रूप में नहीं बल्कि वाचा के रूप में पढ़ें;
उन्हें ज़ोर से बोलें, उन पर विश्वास करें, और पवित्र आत्मा को हर शब्द के माध्यम से साँस लेने दें जब तक कि आपका हृदय एक वेदी और आपका जीवन एक ज्वाला न बन जाए।

इस गाइड का उद्देश्य

प्रत्येक पीढ़ी को अंधकार की अपनी वेदियों का सामना करना पड़ता है, लेकिन उत्तर कभी नहीं बदला है - परमेश्वर अभी भी आग के द्वारा उत्तर देता है।
यह पुस्तक विश्वासियों को उस वास्तविकता में जीने में मदद करने के लिए मौजूद है:
क्षणिक उत्साह नहीं, बल्कि स्थायी परिवर्तन।

इसके पांच स्पष्ट उद्देश्य हैं:

1. हृदय की वेदी को पुनः प्रज्वलित करना
ये घोषणाएं आपको दैनिक प्रार्थना को प्रदर्शन में नहीं, बल्कि सामूहिक प्रार्थना में बदलने की शिक्षा देती हैं।
अग्नि वहीं आती है जहां त्याग और समर्पण का मिलन होता है।

2. भय को विश्वास से बदलना
जितना अधिक आप वचन को देखते हैं, उतना ही आपके पहाड़ छोटे दिखाई देते हैं।
परमेश्वर का प्रकाश भ्रम को दूर करता है; उसका सत्य साहस को पुनः स्थापित करता है।

3. उद्धार को शिष्यत्व में बदलना
वास्तविक स्वतंत्रता एक नाटकीय क्षण नहीं है - यह प्रतिदिन वचन के साथ चलना है जब तक कि मन, आदतें और इच्छाएं सभी स्वर्ग के साथ सहमत न हो जाएं।

4. मध्यस्थों और सेवकों को सुसज्जित करना

प्रत्येक घोषणा को निजी या सामूहिक रूप से, एक भक्तिपूर्ण पैटर्न के रूप में इस्तेमाल किया जा सकता है जो हृदयों को मानवीय तकनीक की बजाय मसीह की ओर वापस ले जाता है।

5. सर्वांगीण पुनर्स्थापना स्थापित करना
लक्ष्य केवल जंजीरों को तोड़ना नहीं है, बल्कि ताकत का निर्माण करना है: आत्मा का नवीनीकरण, आत्मा का उपचार, और शरीर का उद्देश्य के साथ संरेखित होना

इस गाइड का उपयोग कैसे करें

1. अपना समय समर्पित करें
सुबह और शाम एक निश्चित समय चुनें।
अपने आस-पास का शोर शांत करें; अपनी बाइबल और उम्मीद साथ लाएँ।

2. पवित्र शास्त्र को ज़ोर से पढ़ें
प्रत्येक "यह लिखा है" स्वर्ग में गढ़ी गई तलवार है।
अपने कानों को अपनी आवाज सुनने दो, परमेश्वर की सच्चाई की घोषणा करो जब तक कि विश्वास न बढ़ जाए।

3. ईमानदारी से स्वीकारोक्ति और पश्चाताप करें
मुक्ति ईमानदारी से शुरू होती है।
जैसे प्रकाश छिपी हुई चीज़ों को उजागर कर देता है, वैसे ही यीशु का लहू हर दाग को साफ़ कर देता है।

4. अग्नि घोषणा की प्रार्थना धीरे-धीरे करें
जल्दबाजी न करें। हर पंक्ति ऐसे बोलें जैसे आप वेदी पर लकड़ी रख रहे हों।
आत्मा को अपने भीतर शब्दों को प्रज्वलित करने दें।

5. साहसपूर्वक विजय की घोषणा करें
ऐसे बोलो जैसे कि तुम पहले ही जीत चुके हो, क्योंकि मसीह जीत चुका है।
आपकी घोषणा उसकी विजय को सुनिश्चित करती है।

6. प्रत्येक सत्र को विश्वास के साथ पूरा करें
कृतज्ञता के साथ अंत करें, ऊँची आवाज़ में कहें: "लहू, वचन और आत्मा के द्वारा यह पूरा हुआ।"
अपने जीवन को उसकी उपस्थिति की पवित्र अग्नि से घिरा हुआ कल्पना करें।

7. प्रतिदिन एक श्लोक याद करें
जो शब्द आप याद रखते हैं वह हथियार है जो आपके पास हमेशा रहेगा।
आज्ञाकारिता में जीया गया एक वचन, विश्वास के बिना बोले गए एक हजार वचनों से अधिक शक्तिशाली है।

8. नेताओं और मंत्रियों के लिए
आप प्रत्येक दिन के पाठ को समूह भक्ति, बाइबल अध्ययन, या प्रार्थना के रूप में उपयोग कर सकते हैं।
हमेशा पवित्रशास्त्र, पश्चाताप और धन्यवाद पर जोर दें - कभी भी अनुष्ठानिक कार्यों पर नहीं।
सामर्थ्य वचन, लहू और आत्मा में है, कार्य में नहीं।

वादा

ईश्वर की अग्नि कभी भी लक्ष्यहीन रूप से नहीं जलती; वह सोने को प्रकट करने के लिए उसे परिष्कृत करती है।
यदि आप इन चालीस घोषणाओं को खुले हृदय से पढ़ेंगे, तो वही अग्नि जो एलिय्याह की वेदी पर गिरी थी, यशायाह के होठों को शुद्ध किया था, और प्रेरितों को सशक्त किया था, आप में भी कार्य करेगी - भय को जलाकर, उद्देश्य को पुनः प्रज्वलित करके, और जीवित मसीह के साथ पुनः संगति स्थापित करके।

"हमारा परमेश्वर भस्म करने वाली आग है।" — इब्रानियों 12:29

अंतिम धन्यवाद और आशीर्वाद

पवित्रशास्त्र पाठ: भजन संहिता 18: 28–32

"क्योंकि तू ही मेरे लिये दीपक जलाएगा; यहोवा मेरा परमेश्वर मेरे अन्धकार को दूर करेगा... यह वही परमेश्वर है जो सामर्थ से मेरा कटिबन्ध बान्धता है, और मेरे मार्ग को सिद्ध करता है ।"

धन्यवाद की प्रार्थना

प्रकाश के पिता, चालीस दिनों की आग और नवीकरण के लिए धन्यवाद।
हर दीवार जो गिर गई, हर जंजीर जो टूट गई, हर दिल जो आपने बहाल किया, उसके लिए धन्यवाद।
हम रक्त-वंश की शुद्धि, शरीरों की चिकित्सा, मन की शांति और उद्देश्य की पुनर्स्थापना के लिए आपको महिमा देते हैं।

जो ज्वाला आपने जलाई है, उसे कभी बुझने न दें।
इन प्रार्थनाओं द्वारा प्रतिनिधित्व किए गए प्रत्येक घर और प्रत्येक राष्ट्र में आत्मा की नदी निर्बाध रूप से बहे।
कवच से सुसज्जित रखें , अपने वचन में दृढ़ रखें, और मसीह के दिन तक अपने प्रेम से भरपूर रखें।

आशीर्वाद

***"अब शान्ति का परमेश्वर जो हमारे प्रभु यीशु को मरे हुओं में से जिलाकर लाया, तुम्हें हर एक भले काम में सिद्ध करे जिस से तुम उस की इच्छा पूरी करो।"—इब्रानियों** 13: 20-21*

प्रभु तुम्हें आशीर्वाद दें और तुम्हारी रक्षा करें।
उसकी अग्नि तुम्हें निरन्तर परिष्कृत करती रहे, उसका रक्त तुम्हें निरन्तर ढकता रहे, और उसकी आत्मा तुम्हें निरन्तर सशक्त बनाती रहे।
यीशु के महान नाम में - आमीन।

अध्याय 1 - उद्धार क्यों विफल होता है - और परमेश्वर की अग्नि आत्मा को कैसे पुनर्स्थापित करती है - सर्वांगीण उद्धार के लिए 40 दैनिक घोषणाएँ

अधूरे चमत्कार का रहस्य

यीशु ने पहले ही "अपने बारह चेलों को बुलाकर उन्हें सब दुष्टात्माओं पर अधिकार और सामर्थ दी, और बीमारियों को दूर करने की भी।"— लूका 9: 1-2.
वे बाहर गए और आनन्द के साथ लौटे, परन्तु कुछ ही देर बाद एक पिता ने पुकारकर कहा, "मैंने तेरे चेलों से विनती की कि उसे निकाल दें; परन्तु वे न निकाल सके।" (आयत 40)
जो लोग कभी विजयी थे, वे अब शक्तिहीन हो गये।
यीशु ने आह भरी,

" हे अविश्वासी और हठीले लोगों, मैं कब तक तुम्हारे साथ रहूंगा, और तुम्हारी सहूंगा?" — लूका 9:41

उनके पास अभी भी शब्द थे, लेकिन उन्होंने वचन खो दिया था। विश्वास खत्म हो गया था; आत्मीयता ठंडी पड़ गई थी।

अधिकार, सम्बन्ध से अलग नहीं रह सकता।

विश्वास सुनने से आता है, और सुनना परमेश्वर के वचन से होता है (रोमियों 10:17)।
शब्द नहीं तो विश्वास नहीं। विश्वास नहीं तो शक्ति नहीं। शक्ति नहीं तो उपचार नहीं।
छुटकारा केवल वहीं कायम रहता है जहां संगति कायम रहती है, क्योंकि वचन स्वयं मसीह है।

मन का नवीनीकरण

"इसलिए, हे भाइयो, मैं तुम से परमेश्वर की दया स्मरण दिलाकर विनती करता हूँ कि अपने शरीरों को जीवित, और पवित्र, और परमेश्वर को भावता हुआ बलिदान करके चढ़ाओः यही तुम्हारी आत्मिक सेवा है।
और इस संसार के सदृश न बनो; परन्तु तुम्हारी बुद्धि के नये हो जाने से तुम्हारा चाल-चलन भी बदलता जाए।" — रोमियों 12: 1-2

परिवर्तन वहीं से शुरू होता है जहां अनुरूपता समाप्त होती है।
नवीनीकृत मन एक वेदी बन जाता है; समर्पित जीवन उसका बलिदान बन जाता है।
जब लोग अंधकार को दूर भगाते हैं, लेकिन अपनी सोच बदलने से इनकार कर देते हैं, तो मुक्ति असफल हो जाती है।
नये पैटर्न के बिना पुरानी जेलें पुनः खुल जाती हैं।

यीशु ने लूका 4 में इसका उदाहरण दिया।
जब शैतान ने उन्हें प्रलोभन दिया, तो उन्होंने बहस नहीं की, घबराये नहीं, या समझौता नहीं किया।

उन्होंने हर हमले का जवाब तीन शब्दों से दिया, जिसने नरक को हिलाकर रख दिया:

"यह लिखा है।"

शत्रु ने भूख, महत्वाकांक्षा और अहंकार का सहारा लिया - लेकिन यीशु ने पवित्रशास्त्र को तलवार की तरह चलाया:

"मनुष्य केवल रोटी से जीवित नहीं रहेगा... यह लिखा है, तू प्रभु अपने परमेश्वर की आराधना कर... यह कहा गया है, तू प्रभु अपने परमेश्वर की परीक्षा न कर।"

विजय चिल्लाने से नहीं बल्कि पवित्रशास्त्र पर सही विश्वास करने से मिलती है।
वचन द्वारा नवीकृत मन अभेद्य हो जाता है; जहां सत्य हर विचार में भर जाता है, वहां प्रलोभन अपना पैर नहीं जमा पाता।

जब बाड़ टूट जाती है

"जो कोई बाड़ा तोड़ेगा, उसे साँप डसेगा।" — सभोपदेशक 10: 8

हमारा आंतरिक जीवन कई कमरों वाला घर है।
हम अपने सोने के कमरे को—अपनी सार्वजनिक उपासना को—परमेश्वर को समर्पित कर सकते हैं, किन्तु निजी विचारों के शयनकक्ष को असुरक्षित छोड़ सकते हैं।
लापरवाह दरवाजों से साँप प्रवेश करता है।

आज खुले दरवाजों में शामिल हैं:

भय या गुप्त शक्ति का महिमामंडन करने वाले खेल और फिल्में।

संगीत और किताबें जो पाप का जश्न मनाती हैं।

अश्लीलता, गपशप, आलस्य, प्रार्थना न करना, अवज्ञा।

जिस कमरे में प्रकाश का अभाव होता है, वह अंधकार का निवास बन जाता है।
कहानी 1: एक आस्तिक ने एक बार कहा था, "मेरे बुरे सपने तब तक बंद रहे जब तक मैं डरावनी फिल्में देखने नहीं लगा।" स्वतंत्रता चुराई नहीं गई थी; इसे समर्पित किया गया था।
जिसे हम खिलाते हैं वह बढ़ता है; जिसे हम भूखा रखते हैं वह मर जाता है।

पहला पतन—और उसके बाद हर पतन

मनुष्य के पतन से पहले, लूसिफ़र का पतन हो गया।
वह "अभिषिक्त करूब जो ढांपता है" था। — यहेजकेल 28:14 .

घमंड ने पांच बार फुसफुसाया, "मैं ऊपर चढ़ूंगा।" — यशायाह 14: 13-14.

प्रकाशितवाक्य 12 परिणाम दिखाता है: "वह पृथ्वी पर गिरा दिया गया, और उसके स्वर्गदूत उसके साथ गिरा दिए गए।"

उनका पतन स्वतंत्रता था - बिना अधीनता के सत्ता का स्वप्न।
हर विद्रोह इसे दोहराता है।
आत्म-निर्भरता में समाप्त होने वाला उद्धार उसके पाप को प्रतिबिम्बित करता है।

**कहानी 2: एक उपासना नेता ने, जो व्यसन से मुक्त हो चुका था, शेखी बघारी, "अब मैं इसे संभाल सकता हूँ।" महीनों बाद वह फिर से गिर पड़ा। उसने अनुग्रह नहीं, बल्कि निर्भरता खो दी।
स्वतंत्रता केवल विनम्रता में ही बनी रहती है।**

जब विश्वास सूत्र बन जाता है

शिष्यों ने कल की विधि तो दोहराई, परन्तु कल की संगति को नहीं।
कई विश्वासी भी ऐसा ही करते हैं—ऐसी बातें बोलते हैं जो अब जीवित नहीं हैं।
विश्वास कोई जादू नहीं है; यह सुनने से प्राप्त विश्वास है।

**एक बार एक पादरी ने हर छुटकारे की सभा में आने वाली एक महिला से पूछा, "क्या आप रोज़ाना वचन पढ़ती हैं?" उसने जवाब दिया, "नहीं, मैं आपकी प्रार्थनाओं पर भरोसा करती हूँ।" पादरी ने कहा, "तो फिर आपको अपने विश्वास पर नहीं, मेरे विश्वास पर भरोसा करना चाहिए।"
उधार लिया गया विश्वास उधार की स्वतंत्रता को धारण नहीं कर सकता।**

अनुशासन के बिना मुक्ति

यीशु ने चेतावनी दी थी कि खाली दिल मेहमानों को वापस बुलाता है (लूका 11: 24-26)।

प्रार्थना अंधकार को दूर भगाती है; अनुशासन प्रकाश को अन्दर रखता है।
स्वतंत्रता वहीं पनपती है जहां नियमित पवित्रता अनुग्रह के चारों ओर आदत की दीवारें बनाती है।

वह आग जो स्वतंत्रता को स्थायी बनाती है

जब वेदी ठंडी हो जाती है, तो मक्खियाँ इकट्ठा हो जाती हैं।
पौलुस ने आग्रह किया, "परमेश्वर के वरदान को जगाओ।"—2 तीमुथियुस 1: 6.
प्रतिदिन ज्योति को भोजन दें:

विश्वास - ईंधन.

पूजा - ऑक्सीजन.

पवित्रता - संयम।

वचन और आराधना से जलने वाला हृदय अछूता भूमि बन जाता है।

सर्वांगीण मुक्ति का मार्ग

1. रिश्ते को फिर से बनाएँ। जब तक विश्वास प्रज्वलित न हो जाए, तब तक वचन के साथ बने रहें।

2. द्वारों की रक्षा करें। पाप के दृश्य, मौखिक और डिजिटल द्वार बंद कर दें।

3. याद करें और घोषित करें। हर सुबह एक श्लोक बोलें—यह दिन भर के लिए आपकी तलवार होगी।

4. आज्ञाकारिता में चलें। आज्ञाकारिता का प्रत्येक कार्य एक दीवार की मरम्मत करता है।

5. कृतज्ञता से जीवन जिएं। धन्यवाद देने से वातावरण प्रकाश से भरा रहता है।

आग लगाने का आह्वान

यह संदेश असफलता की व्याख्या करने के लिए नहीं, बल्कि विजय की अलख जगाने के लिए लिखा गया है।
यीशु ने प्रलोभन पर विजय प्राप्त की, "यह लिखा है।" उसने उस लड़के को चंगा किया जिसे अन्य लोग नहीं कर सके, क्योंकि वह वचन और करुणा से परिपूर्ण था।
वही आग हर उस विश्वासी की प्रतीक्षा कर रही है जो अपने भीतर वचन को जीवित रखता है।

सर्वांगीण उद्धार के लिए निम्नलिखित चालीस दैनिक घोषणाएं आपके नवीनीकरण के लिए ब्लूप्रिंट हैं - प्रकाश की चालीस ईंटें जो आंतरिक घर का पुनर्निर्माण करेंगी जब तक कि प्रत्येक कमरा मसीह की उपस्थिति से न जलने लगे।
प्रतिदिन एक श्लोक याद करें, उसे सुबह-शाम बोलें और उसके सत्य का अभ्यास करें ।
विश्वास और ध्यान की चालीस दैनिक घोषणाओं में, आप न केवल अंधकार का प्रतिरोध करेंगे - आप प्रकाश का विकिरण करेंगे।

40 दैनिक वचन, स्वीकारोक्ति और पश्चाताप, त्याग के साथ प्रार्थना, घोषणाएँ, मुहर लगाना और धन्यवाद देना

अग्नि बिंदु 1 - पवित्र अग्नि, मेरा नाम पुकारते हुए प्रत्येक वेदी का पता लगाओ और उसे भस्म कर दो

इसमें लिखा है:

क्योंकि हमारा परमेश्वर भस्म करने वाली आग है। — इब्रानियों 12:29

जानेवाला है, वह तेरा परमेश्वर यहोवा है; वह भस्म करनेवाली आग की नाईं उनको भस्म करेगा, और तेरे साम्हने गिरा देगा।— व्यवस्थाविवरण 9: 3

स्वीकारोक्ति और पश्चाताप

पिता, मैं स्वीकार करता हूँ कि अज्ञानता, भय और मेरे पूर्वजों के पापों के कारण, मेरे नाम का उल्लेख करने वाली बुरी वेदियाँ बनाई गई हैं। मैं अंधकार के साथ हर गठबंधन को स्वीकार करता हूं - जानबूझकर या अनजाने में - और मैं अपने जीवन, अपने घराने और अपने वंश पर यीशु के लहू की याचना करता हूं।
हे प्रभु, मुझे क्षमा कर, क्योंकि मैंने मनुष्य पर भरोसा किया, ज्योतिषियों के पास गया, लापरवाही से मन्नतें मानीं, या अशुद्ध वस्तुओं को छुआ।

मुझे धोइये, शुद्ध कीजिये, और मुझे हर उस वेदी से अलग कर दीजिये जो आपके हाथों से नहीं बनी है।

प्रार्थना (त्याग के साथ)

हे अग्निदेव, आज मेरे लिए उठो!
मेरा नाम लेने वाली हर वेदी, तीर्थस्थान या समुद्री मंदिर को जड़ से नष्ट कर दिया जाए।
पवित्र आत्मा की अग्नि नदियों, पहाड़ों और पैतृक भूमि से होकर गुज़रे, तथा हर बुरे अभिलेख, हर बलिदान, हर छवि और मुझे पुकारने वाले हर पुजारी को जला दे।
मैं हर उस वाचा, रक्त शपथ और समर्पण को त्यागता हूँ जिसने मुझे उन वेदियों से बांध रखा था।
परमेश्वर की गड़गड़ाहट मेरे लिए उत्तर दे; बिजली उनके समूहों को तितर-बितर कर दे; उनकी निशानियाँ ज्वाला के सामने मोम की तरह पिघल जाएँ।
हर मूर्ति जिसने रात में मेरा नाम लिया है, भगवान की अग्नि उसे हमेशा के लिए चुप करा दे।

घोषणा

मैं सर्वशक्तिमान की अग्नि में छिपा हुआ हूँ।
मेरा नाम अब स्वर्गीय आग में लिखा गया है।
कोई वेदी, कोई पुजारी, कोई राक्षस मुझे दोबारा नहीं बुला सकता।
प्रभु स्वयं मुझे महिमा की ज्वालाओं से घेर लेते हैं, और मैं स्वतंत्र हो जाता हूँ।

मुहर

यीशु के लहू के द्वारा, मेरी गवाही के वचन के द्वारा, और आत्मा की अनन्त अग्नि के द्वारा, मैं इस छुटकारे को मुहरबंद करता हूँ।
हे अग्नि के दूत, मेरे और मेरे घर के चारों ओर डेरा डालो।
अंधकार के हर प्रयास को दिव्य ज्वाला की दीवार से टकराने दो।
आमीन।

धन्यवाद

पिता, मैं आपको धन्यवाद देता हूँ, क्योंकि हर बुरी वेदी राख में बदल गई है और हर आरोप नष्ट हो गया है।
राज्य, पराक्रम और महिमा सदा तेरे ही हैं। आमीन।

अग्नि बिंदु 2 - ईश्वर की अग्नि, मेरे रक्त को प्रदूषण और वाचाओं से शुद्ध कर

इसमें लिखा है:

क्योंकि वह शुद्ध करने वाली आग के समान है, और वह चान्दी को शुद्ध करने और निर्मल करनेवाला भी ठहरेगा। — मलाकी 3: 2-3

तब तुम को छोड़ जाऊंगा, और वह विपत्ति तुम पर न पड़ेगी जो तुम्हें नष्ट कर दे। - निर्गमन 12:13

स्वीकारोक्ति और पश्चाताप

प्रभु यीशु, मैं अपने और अपने पूर्वजों के पक्ष में खड़ा हूँ।
हमने अन्य देवताओं की सेवा की है; हमने निर्दोषों का खून बहाया है;
हमने मूर्तियों के सामने मन्नतें मानी हैं।
हे परमेश्वर, मैं पश्चाताप करता हूँ और अपने वंश पर यीशु के लहू की याचना करता हूँ।
मेरी नींव को शुद्ध करो, मेरे डीएनए को पवित्र करो, और हर शैतानी विरासत को हटा दो।

प्रार्थना (त्याग के साथ)

पवित्र आत्मा अग्नि, अब मेरे रक्त से होकर गुजरो!

मेरी जड़ों, मेरे जीनों और मेरी पीढ़ियों की खोज करो; हर साँप, ताबीज़ और वाचा के चिन्ह को जला दो।
मैं मूर्तियों, जल और मृतकों की आत्माओं के साथ की गई प्रत्येक पैतृक शपथ का त्याग करता हूँ।
जो आग कार्मेल पर्वत पर गिरी थी, वही आग मेरे पूर्वजों की हर वेदिका पर भी गिरे।
मेरे परिवार पर स्वामित्व का दावा करने वाली हर आत्मा - हमें छोड़ दो और जला दो!
यीशु का रक्त पवित्रता और प्रकाश के साथ मेरे आनुवंशिक कोड को पुनः लिखे।

घोषणा

मेरा खून पवित्र हो गया है; मेरा वंश छुड़ाया गया है।
अभिशाप टूट गया है; आशीर्वाद बहता है।
मैं मसीह के शाही वंश में शामिल हो गया हूँ।

मुहर

उस लोहू के द्वारा जो हाबिल के लोहू से उत्तम बातें कहता है , और उस आग के द्वारा जो शुद्ध करती है , मैं और मेरी सन्तान यहोवा के लिये मुहरबन्द हो गए हैं। आमीन.

धन्यवाद
हे पिता, मेरे पूर्वजों के बंधनों को तोड़ने और मुझे आपकी महिमा के लिए उपयुक्त पात्र बनाने के लिए धन्यवाद।

अग्नि बिंदु 3 - पवित्र अग्नि, हर आत्मा, जीवनसाथी और बुरे मिलन को भस्म कर दे

इसमें लिखा है:

क्योंकि तेरा सृजनहार तेरा पति है; सेनाओं का यहोवा उसका नाम है।—यशायाह 54: 5

उसके क्रोध के साम्हने कौन ठहर सकता है? और उसके भड़के हुए क्रोध में कौन ठहर सकता है? उसका क्रोध आग के समान भड़कता है। — नहूम 1: 6

स्वीकारोक्ति और पश्चाताप

प्रभु यीशु, मैं हर यौन पाप, स्वप्न मुठभेड़, या छिपी इच्छा को स्वीकार करता हूं जिसने आत्मिक जीवनसाथी के लिए द्वार खोल दिया।
मुझे क्षमा करें और मेरे शरीर, आत्मा और मन को अपने अनमोल रक्त से धो लें।
मैं अपना स्नेह केवल आपको ही समर्पित करता हूँ।

प्रार्थना (त्याग के साथ)

पवित्र आत्मा की अग्नि के द्वारा, मैं प्रत्येक आत्मिक पति, आत्मिक पत्नी और समुद्री वाचा का त्याग करता हूँ।

परमेश्वर की अग्नि समुद्र में हर अपवित्र बिस्तर, हर अंगूठी, वस्त्र और विवाह की वेदी पर उतर आए।
उन आत्माओं को क्रूस का न्याय सुनने दो - तुम तलाकशुदा हो, बाहर निकाल दिये गये हो, और आग से नष्ट कर दिये गये हो!
हे प्रभु, जल में अपना बवंडर भेज; अपनी तलवार से मेरे और अंधकार के राज्य के बीच के हर बंधन को तोड़ दे।

घोषणा

मैं केवल मसीह यीशु से जुड़ा हुआ हूँ।
मेरा शरीर पवित्र आत्मा का मंदिर है।
मेरे स्वप्न पवित्र हैं, मेरी रातें शांतिपूर्ण हैं।
कोई भी दुष्ट पत्नी मेरे घर के पास फिर कभी नहीं आएगी।

मुहर

लहू और आग के द्वारा मैं मेम्ने के साथ अपनी विवाह वाचा को मुहरबंद करता हूँ।
मेरे जीवन के हर द्वार पर ज्वलंत तलवारें पहरा दें। आमीन।

धन्यवाद

हे प्रभु, मुझे अपने साथ पवित्र मिलन प्रदान करने और मेरी पवित्रता को हमेशा के लिए बहाल करने के लिए धन्यवाद।

अग्नि बिंदु 4 - ईश्वर की अग्नि, मेरे सपनों में नवीनीकृत हर बुरी वाचा को जला दो

इसमें लिखा है:

क्योंकि परमेश्वर एक बार, वरन दो बार बोलता है... स्वप्न में, व रात के दर्शन में, कि मनुष्य को उसके उद्देश्य से रोके। - अय्यूब 33: 14-17

दुष्टों पर वह फन्दे, आग और गन्धक बरसाएगा। — भजन संहिता 11: 6

स्वीकारोक्ति और पश्चाताप

पिता, मैं स्वीकार करता हूँ कि मैं नींद में राक्षसी लेन-देन के बारे में अनभिज्ञ रहा हूँ।
मेरी लापरवाही को क्षमा करें; उन दरवाजों को क्षमा करें जिन्हें मैंने भय, वासना या अविश्वास के कारण खुला छोड़ दिया।
मैं अपने स्वप्न द्वारों पर यीशु के लहू की याचना करता हूँ।

प्रार्थना (त्याग के साथ)

हे प्रभु की अग्नि, मेरे स्वप्न लोक में प्रवेश करो!
भोजन, यौन संबंध या स्वप्न में हस्तलेखन के माध्यम से नवीनीकृत प्रत्येक वाचा अब अग्नि द्वारा मिटा दी जाती है।

मैं सोते समय आत्मा में हस्ताक्षरित प्रत्येक अनुबंध का त्याग करता हूँ। ईश्वर की अग्नि हर समुद्री बैठक, हर जादू-टोना बाजार, हर राक्षसी अदालत पर उतर आए जो मेरे नाम से जानी जाती है - उन्हें पूरी तरह से भस्म कर दे!

इस रात से आगे अग्नि के दूत मेरी नींद पर निगरानी रखें।

घोषणा

मेरे सपने पवित्र आत्मा से संबंधित हैं।

कोई भी काला हाथ फिर से मेरे भाग्य पर नहीं लिख सकता।

रात्रि अग्नि से पवित्र होती है, सुबह प्रकाश से भरी होती है।

मुहर

मैं अपने सपनों को यीशु के लहू और परमेश्वर की अग्नि से सील करता हूँ।

अब से केवल स्वर्ग से आने वाले संदेशों की ही अनुमति होगी। आमीन।

धन्यवाद

धन्य है यहोवा, जो अपने प्रियों को नींद देता है; उसकी स्तुति युगानुयुग होती रहे।

अग्नि बिंदु 5 — यहोवा की अग्नि, निगरानी करने वाली आत्माओं को उजागर करें और भस्म करें

इसमें लिखा है:

न कुछ ढका हुआ है, जो खोला न जाएगा; न कुछ छिपा है, जो जाना न जाएगा। - लूका 12: 2

आग चलती है और उसके शत्रुओं को चारों ओर से भस्म कर देती है। — भजन 97: 3

स्वीकारोक्ति और पश्चाताप

हे प्रभु, मैं हर उस जिज्ञासा को स्वीकार करता हूँ जिसने मेरे लिए द्वार खोले - ज्योतिष, भविष्य कथन, अपवित्र परामर्श।
मुझे क्षमा करें, और अपने रक्त से शत्रु द्वारा शोषण किये गए निगरानी के प्रत्येक चैनल को बंद कर दें।

प्रार्थना (त्याग के साथ)

हे यहोवा अग्नि, उठ और मेरी गतिविधियों, मेरे परिवार और मेरी प्रार्थनाओं पर नज़र रखने के लिए नियुक्त प्रत्येक निगरानी करने वाली आत्मा को उजागर कर!
अन्धकार की आंखें अन्धी हो जाएं; दुष्टात्माओं के कान बहरे हो जाएं।

हर दर्पण, क्रिस्टल, जानवर, या तकनीक जो मुझे ट्रैक करने के लिए इस्तेमाल की जाती थी - अब आग में जल उठेगी!
मैं हर उस गठबंधन का त्याग करता हूँ जिसने जानबूझकर या अनजाने में मेरे जीवन तक पहुँच प्रदान की।
हे प्रभु, मुझे अपने अग्नि स्तम्भ में लपेट लो; हर खोजी शक्ति लज्जित हो जाए।

घोषणा

मैं अंधकार के लिए अदृश्य हूँ, दुष्टात्माओं के लिए अछूत हूँ, मसीह में छिपा हुआ हूँ।
मेरा वातावरण ईश्वर की उपस्थिति से जगमगा उठता है।

मुहर

रक्त, वचन और अग्नि के द्वारा, मैं सभी बुरे द्रष्टाओं पर सदा के लिए अंधेपन का आदेश देता हूँ।
पवित्र आत्मा की ज्वाला मेरा आवरण है। आमीन।

धन्यवाद

हे पिता, दुष्टों की हर आंख को राख में बदलने और मुझे प्रकाश से घेरने के लिए धन्यवाद।

अग्नि बिंदु 6 - मुक्ति की अग्नि, विलंब और ठहराव की जंजीरों को तोड़ें

इसमें लिखा है:

और उस दिन ऐसा होगा कि उसका बोझ तेरे कंधे पर से और उसका जूआ तेरी गर्दन पर से उठा लिया जाएगा, और अभिषेक के कारण वह जूआ तोड़ डाला जाएगा। — यशायाह 10:27

हमारा परमेश्वर भस्म करने वाली आग है। — इब्रानियों 12:29

स्वीकारोक्ति और पश्चाताप

पिता, मैं स्वीकार करता हूँ कि अविश्वास, भय और अवज्ञा ने मेरे कदमों को धीमा कर दिया है।
मेरा परिवार भी असफलता के चक्र में घूमता रहा है, बार-बार असफलता के चक्र में फंसता रहा है।
हे प्रभु, हमें क्षमा करें।
मुझे यीशु के लहू में धो लें, और मुझे हर प्रकार के आत्मिक आलस्य और टालमटोल से शुद्ध कर दें जो विलम्ब से जुड़े हैं।

प्रार्थना (त्याग के साथ)

हे मुक्ति की अग्नि, मेरी प्रगति को बांधने वाली हर अदृश्य जंजीर को तोड़ दो!
विलंब के प्रत्येक लोहे के द्वार को पवित्र अग्नि से पिघला दिया जाए।
मैं धीमेपन की हर वाचा, "अभी नहीं" के हर समुद्री आदेश, और ठहराव की हर पैतृक प्रतिज्ञा का त्याग करता हूँ।
स्वर्ग की ज्वाला उन आत्माओं को भस्म कर दे जो मुझे रोकती हैं।
मैं अग्नि के रथों द्वारा गति का आदेश देता हूँ; मैं भाग्य में आगे बढ़ता हूँ।
शैतानी मेजों पर पड़ी मेरी पदोन्नति की हर फाइल में अब आग लग जाए!

घोषणा

मैं गति के लिए पैदा हुआ हूं, ठहराव के लिए नहीं।
आत्मा की हवा मुझे आगे बढ़ाती है; परमेश्वर की अग्नि मुझे शक्ति देती है।
मैं वहां आगे निकल जाता हूं जहां मुझे देरी हुई थी, और मैं खोया हुआ समय वापस पा लेता हूं।

मुहर

यीशु के लहू से, परमेश्वर के वचन से, और आत्मा की अग्नि से, मैं इस छुटकारे को मुहरबंद करता हूँ।
मेरा मार्ग पूर्ण दिन तक अधिकाधिक उज्जवल होता जाए। आमीन।

धन्यवाद

पिता, विलंब की जंजीरों को तोड़ने और मुझे दिव्य गति के पंख देने के लिए धन्यवाद।

अग्नि बिंदु 7 - आत्मा की अग्नि, घरेलू देवताओं और परिचित आत्माओं को उलट दें

इसमें लिखा है:

वे अपनी मूर्तियों को छछूंदरों और चमगादड़ों के आगे फेंक देंगे। - यशायाह 2:20

और मैं इस देश में से मूरतों के नाम भी मिटा डालूंगा, और उनका स्मरण फिर न रहेगा। — जकर्याह 13: 2

स्वीकारोक्ति और पश्चाताप

पिता, मैं अपने पूर्वजों के पापों को स्वीकार करता हूँ—मूर्ति पूजा, गुप्त बलिदान, ताबीज़ और चित्र।
मैं विरासत में मिली या प्रशंसित प्रत्येक भक्ति वस्तु के लिए पश्चाताप करता हूँ।

यीशु के लहू के द्वारा, मैं अपने पिता के घराने की मूर्तियों और हमारे वंश में आने वाली परिचित आत्माओं का त्याग करता हूँ।

प्रार्थना (त्याग के साथ)

हे अग्नि आत्मा, मेरी नींव में प्रवेश करो और घरेलू देवताओं के सिंहासन को उलट दो!
सेवा या बलिदान के लिए पुकारने वाली प्रत्येक मूर्ति को आग में जला दिया जाए और नष्ट कर दिया जाए!
सहायक के रूप में प्रस्तुत होने वाली प्रत्येक परिचित आत्मा, प्रत्येक पैतृक मुखौटा - जल जाओ!
मैं आपके स्वामित्व का त्याग करता हूँ; मैं आपके कानूनी अधिकार को नष्ट करता हूँ।
पवित्र अग्नि को वेदियों, कब्रों, चित्रों, ताबीजों में प्रवाहित होने दो।
मेरा परिवार परमेश्वर के लिए भविष्यद्वक्ताओं और याजकों का वंश बन जाए।

घोषणा

मेरे वंश का परमेश्वर केवल यहोवा ही है।
मेरे घराने पर पुनः जागृति की आग जल रही है।
हमारे बीच फिर कभी कोई मूर्ति शासन नहीं करेगी।

मुहर

उस रक्त के द्वारा जो मुक्ति देता है और उस अग्नि के द्वारा जो पवित्र करती है, मैं इस मुक्ति को मुहर लगाता हूँ।
यीशु का नाम हमारे द्वारों पर सदा बना रहे। आमीन।

धन्यवाद

हे पिता, मूर्तियों को हटाकर मेरे परिवार में राजा के रूप में स्वयं को सिंहासनारूढ़ करने के लिए धन्यवाद।

अग्नि बिंदु 8 - पवित्र अग्नि, आरोप और निंदा की आवाज को नष्ट करें

इसमें लिखा है:

परमेश्वर के चुने हुओं पर दोष कौन लगाएगा? परमेश्वर ही है जो उन्हें धर्मी ठहरानेवाला है । — रोमियों 8:33

और यहोवा ने शैतान से कहा, हे शैतान, यहोवा तुझे डांटे। — जकर्याह 3: 2

स्वीकारोक्ति और पश्चाताप

हे धर्मी पिता, मैं अपने अपराधों और कमियों को स्वीकार करता हूँ।
जहाँ मेरे शब्दों और कार्यों ने शत्रु को आरोप लगाने का कारण दिया, मुझे क्षमा करें।
मैं पाप के प्रत्येक अभिलेख पर यीशु के लहू की याचना करता हूँ, और मैं प्रत्येक अस्वीकृत दोष के लिए पश्चाताप करता हूँ।

प्रार्थना (त्याग के साथ)

हे परमेश्वर की अग्नि, आरोप के पन्ने जला दे!
मेरे विरुद्ध लिखे गए हर नियम को आग और खून से मिटा दिया जाए।

मुझे दोषी ठहराने के लिए एकत्रित हुई प्रत्येक राक्षसी अदालत - गड़गड़ाहट से तितर-बितर हो जाओ!
मैं अपराध, शर्म और आत्म-निंदा का त्याग करता हूँ।
क्रूस की आवाज गड्ढे की हर आवाज को शांत कर दे।

घोषणा

मैं विश्वास से धर्मी ठहराया गया हूँ, लहू से धोया गया हूँ, धार्मिकता से सुसज्जित हूँ।
इसलिये अब मसीह यीशु में मुझ पर दण्ड की आज्ञा नहीं।
मेरे विरुद्ध आरोप लगाने वाले सब के न्यायाधीश के सामने चुप हो जाते हैं।

मुहर

रक्त, वचन और अग्नि के द्वारा मैं स्वर्ग और पृथ्वी पर अपनी निर्दोषता को मुहर लगाता हूँ।
अनुग्रह का हथौड़ा चल चुका है; मैं सदा के लिए स्वतंत्र हूँ। आमीन।

धन्यवाद

हे प्रभु, हर दोष लगाने वाले को चुप कराने और न्याय के स्थान पर दया लाने के लिए धन्यवाद।

अग्नि बिंदु 9 - ईश्वर की अग्नि, मेरे सद्गुण और चुराई हुई महिमा को पुनः स्थापित करो

इसमें लिखा है:

की उपज तुम्हें फेर दूंगा जो टिड्डियों ने खा लीं। — योएल 2:25

इस भवन की महिमा पहिली से बड़ी होगी, सेनाओं के यहोवा का यही वचन है। — हाग्गै 2: 9

स्वीकारोक्ति और पश्चाताप

पिता, मैं स्वीकार करता हूँ कि लापरवाही और समझौते ने शत्रु को मुझसे मेरा सद्गुण, मेरा आनंद, मेरा सम्मान चुराने का अवसर दिया। मुझे क्षमा कर और लहू से मुझे शुद्ध कर।
मैं हर उस लेन-देन का त्याग करता हूँ जिसने मेरी महिमा को शर्म से बदल दिया।

प्रार्थना (त्याग के साथ)

पवित्र अग्नि, उन जल और गुप्त स्थानों से होकर यात्रा करो जहां मेरा पुण्य और सितारा दफनाए गए थे।
आग से उन्हें पुनः प्राप्त करें!

मेरे आशीर्वाद को धारण करने वाला प्रत्येक समुद्री गोदाम - राख में जल जाएगा!
मैं अपना प्रकाश, अपने उपहार, अपना अनुग्रह , अपना मुकुट वापस बुलाता हूँ।
मैं चोर और हानि की हर वाचा का त्याग करता हूँ।
प्रभु के वचन के अनुसार सात गुना पुनर्स्थापना हो।

घोषणा

मेरी महिमा पुनः स्थापित हो गयी है; मेरा सम्मान चमक उठा है।
स्वर्ग की ओस फिर से मुझ पर टिकी है।
जहां भी मुझे अस्वीकार किया गया, अब वहां मेरा सम्मान किया जा रहा है।

मुहर

यीशु के लहू और पुनर्स्थापना की अग्नि के द्वारा, मैं अपनी महिमा को सदा के लिए सुरक्षित करने की घोषणा करता हूँ। आमीन।

धन्यवाद

हे पिता, मेरे सद्गुण को पुनः प्राप्त करने और मुझे प्रेममय-कृपा से नया मुकुट पहनाने के लिए धन्यवाद।

अग्नि बिंदु 10 - प्रभु की अग्नि, भय और रात्रि के आतंक को भस्म कर दे

इसमें लिखा है:

तू न तो रात के भय से डरेगा, न दिन में चलने वाले तीर से। — भजन 91: 5

यहोवा मेरी ज्योति और मेरा उद्धार है; मैं किस से डरूं? यहोवा मेरे जीवन का दृढ़ गढ़ है; मैं किस का भय खाऊं? — भजन संहिता 27: 1

स्वीकारोक्ति और पश्चाताप

हे प्रभु, मैं स्वीकार करता हूँ कि भय ने मेरी रातों पर राज किया है और चिंता ने मेरा विश्राम छीन लिया है।
मेरे अविश्वास को क्षमा करें।
मैं अपने हृदय, अपने कमरे और अपने सपनों पर यीशु के लहू की याचना करता हूँ।

प्रार्थना (त्याग के साथ)

हे प्रभु की अग्नि, मेरे निवास में व्याप्त हो जाओ!
भय की हर भावना, हर दुःस्वप्न, हर राक्षसी उपस्थिति जो पीड़ा देती है उसे जला दो।

मैं आतंक और मृत्यु की भावना के बंधन का त्याग करता हूँ।
आपकी अग्नि प्रकाश की दीवार की तरह मेरे चारों ओर शांति स्थापित करे ।
भय की हर फुसफुसाहट को गड़गड़ाहट से शांत कर दिया जाए।

घोषणा

परमेश्वर की शांति मेरे मन को सुरक्षित रखती है; प्रभु स्वयं मेरा प्रकाश है।
मैं सुरक्षा में लेटता हूं, और महिमा में जागता हूं।
मेरी रात में फिर कोई आतंक नहीं आएगा।

मुहर

यीशु के लहू और पवित्र आत्मा की अग्नि से, मैं अपने मन, अपने बिस्तर और अपने वातावरण को दिव्य शांति से सील करता हूँ। आमीन।

धन्यवाद

पिता, अंधकार को प्रकाश में और भय को विश्वास में बदलने के लिए धन्यवाद।

अग्नि बिंदु 11 - पवित्र अग्नि, मेरे मन को नवीनीकृत कर और धोखे को जला दे

इसमें लिखा है:

"और इस संसार के सदृश न बनो; परन्तु तुम्हारी बुद्धि के नये हो जाने से तुम्हारा चाल-चलन भी बदलता जाए।" — रोमियों 12: 2

"तेरे वचनों के प्रवेश से प्रकाश होता है।" — भजन संहिता 119: 130

स्वीकारोक्ति और पश्चाताप

प्रभु यीशु, मैं स्वीकार करता हूँ कि मैंने अक्सर आपके वचन की अपेक्षा भय और असफलता की आवाज़ों पर अधिक विश्वास किया है।
मुझे हर उस विचार के लिए क्षमा करें जो परमेश्वर के ज्ञान के विरुद्ध खड़ा हुआ।
अपने बहुमूल्य रक्त से मेरे मन को धो डालो और पवित्र अग्नि से मेरे हृदय को शुद्ध कर दो।

पवित्र अग्नि की प्रार्थना

पिता, आपकी सच्चाई मेरे विचारों पर ज्वाला की जीभ की तरह उतर आए।

जहाँ अंधकार ने संदेह के गढ़ बनाए हैं, वहाँ आपके वचन का प्रकाश एक नई सृष्टि को प्रज्वलित करे।
उन झूठों का सेवन करें जो कहते हैं कि मैं बेकार, निराशाजनक या त्यागा हुआ था।
स्मृति के गलियारों से आग गुजरने दो और हर झूठी पहचान को जलाकर राख कर दो।
मैं अपना मन सत्य की आत्मा के लिए खोलता हूँ - मुझे सिखाओ, मुझे बदलो, मुझे स्वतंत्र करो।

विजय की घोषणा

मेरा मन नया हो गया है; मेरे विचार प्रकाश से अभिषिक्त हो गये हैं।
मैं मसीह के विचारों पर विचार करता हूँ और उसकी शांति में चलता हूँ।

मुहर

मेमने के लहू और सत्य के वचन के द्वारा, मेरा मन स्वर्गीय अग्नि से सुरक्षित है। आमीन।

धन्यवाद

हे प्रभु, भ्रम को स्पष्टता में बदलने और मुझे मसीह के मन से भरने के लिए धन्यवाद।

अग्नि बिंदु 12 - पवित्रता की अग्नि, मेरे हृदय को क्रोध और कड़वाहट से शुद्ध कर दो

इसमें लिखा है:

की कड़वाहट और प्रकोप और क्रोध तुम से दूर किया जाए।" — इफिसियों 4:31

"हे परमेश्वर, मेरे अन्दर शुद्ध हृदय उत्पन्न कर।" — भजन 51:10

स्वीकारोक्ति और पश्चाताप

दयालु पिता, मैं स्वीकार करता हूँ कि मेरे हृदय में आक्रोश और क्षमा न करने की भावना बैठ गयी है।
मुझे क्षमा करें कि मैंने वहां पीड़ा को आश्रय दिया जहां आप शांति चाहते थे।
मैं यीशु के लहू से प्रार्थना करता हूँ कि वह मेरी भावनाओं और यादों को धो दे।

पवित्र अग्नि की प्रार्थना

हे प्रभु, मेरी आत्मा के गुप्त स्थानों में अपनी शोधक अग्नि भेजो।
प्रेम की ज्वाला से हर द्वेष और क्रोध पिघल जाए।
अपराध की राख को करुणा के तेल में बदल दो।

मुझे क्षमा करना सिखाओ जैसे तुमने मुझे क्रूस पर क्षमा किया था ।

विजय की घोषणा

मेरा हृदय शुद्ध है; मेरी आत्मा धर्मी है।
शांति मेरे भीतर नदी की तरह बहती है।

मुहर

लहू और पवित्र अग्नि की शपथ, मुझमें फिर कभी कड़वाहट की जड़ नहीं रहेगी। आमीन।

धन्यवाद

हे प्रभु, क्रोध को प्रेम से तथा आंसुओं को आनंद से बदलने के लिए धन्यवाद।

अग्नि बिंदु 13 - उद्देश्य की अग्नि, मेरे आह्वान और भाग्य को प्रज्वलित करो

इसमें लिखा है:

"जहाँ दर्शन नहीं होता, वहाँ लोग नाश हो जाते हैं।" — नीतिवचन 29:18

तेरे भवन की धुन ने मुझे भस्म कर दिया है।" — भजन संहिता 69: 9

स्वीकारोक्ति और पश्चाताप

हे प्रभु, मैं आज्ञापालन में अपनी धीमी गति तथा आपकी इच्छा के अनुसार कदम रखने में अपने डर को स्वीकार करता हूँ।
मुझे क्षमा करें कि मैंने आपकी दी हुई प्रतिभाओं को दफना दिया।
मुझे आलस्य और संदेह से शुद्ध करो।

पवित्र अग्नि की प्रार्थना

एलिय्याह के परमेश्वर, मेरी वेदी पर फिर से आग भेजो।
मेरे बारे में स्वर्ग में लिखे गए हर उपहार, हर सपने, हर कार्य को जागृत करो।
पवित्र उत्साह उदासीनता को भस्म कर दे; आत्माओं के प्रति जुनून मुझमें जल उठे।

जहाँ मैंने अपना ध्यान खो दिया था, वहाँ अपनी नज़रें वापस यीशु पर लगाओ।

विजय की घोषणा

मैं भगवान के हाथ में एक ज्वाला हूँ।
मुझमें उद्देश्य जीवित है; मेरे दिन प्रभु द्वारा निर्धारित हैं।

मुहर

यीशु के लहू और उसकी आत्मा की अग्नि से, मेरा भाग्य महिमा में मुहरबंद हो गया है। आमीन।

धन्यवाद

हे पिता, मेरे पहले प्रेम को पुनः जगाने और प्रभाव के लिए मुझे अभिषेक करने के लिए धन्यवाद।

अग्नि बिंदु 14 - प्रावधान की आग, अभाव के डर को तोड़ो

इसमें लिखा है:

"यहोवा तेरे भण्डारों में तुझे आशीष देगा।" — व्यवस्थाविवरण 28: 8

भी अपने उस धन के अनुसार जो महिमा सहित मसीह यीशु में है, तुम्हारी हर एक घटी को पूरी करेगा।" — फिलिप्पियों 4:19

स्वीकारोक्ति और पश्चाताप

पिता, आपकी देखभाल पर संदेह करने और जो मेरे पास है उसे बहुत कसकर पकड़े रहने के लिए मुझे क्षमा करें।
मुझे लालच और अविश्वास से शुद्ध करो; मुझे संतोष सिखाओ।

पवित्र अग्नि की प्रार्थना

हे प्रचुरता के प्रभु, विश्वास की अग्नि कल के भय को भस्म कर दे।
मेरी आंखें खोलो ताकि मैं उन संसाधनों को देख सकूँ जो आपने पहले ही मेरे हाथों में रख दिए हैं।
बर्बादी और गरीबी के हर अभिशाप को जलाकर राख कर दो।
मेरे हाथों के काम पर अपनी आशीष दीजिए और मुझे दूसरों के लिए आशीष बनाइए।

विजय की घोषणा

प्रभु मेरा चरवाहा है, मैं इच्छा नहीं करूंगा।
मेरा प्याला उमड़ रहा है ; मैं ईश्वरीय प्रचुरता में जी रहा हूँ।

मुहर

लहू और प्रतिज्ञा के वचन के द्वारा, प्रावधान की अग्नि मेरे जीवन को घेर लेती है। आमीन।

धन्यवाद

हे प्रभु, अभाव को प्रचुरता में बदलने और मुझे आपकी भलाई पर भरोसा करना सिखाने के लिए धन्यवाद।

अग्नि बिंदु 15 - पवित्रता की अग्नि, मेरी आँखों और इच्छाओं को पवित्र करो

इसमें लिखा है:

"धन्य हैं वे, जिन के मन शुद्ध हैं, क्योंकि वे परमेश्वर को देखेंगे।"—मत्ती 5: 8

"मेरी आँखों को व्यर्थ चीज़ों से फेर दे, और अपने मार्ग में मुझे जिला।" — भजन संहिता 119: 37

स्वीकारोक्ति और पश्चाताप

पवित्र पिता, मैं उन अशुद्ध दृष्टियों और विचारों को स्वीकार करता हूँ जिन्होंने आपकी आत्मा को दुःखी किया है।
मैं हर उस छवि और इच्छा के लिए पश्चाताप करता हूँ जिसने मेरी आत्मा को अपवित्र किया है।
मुझे अपने रक्त से धोकर मेरे हृदय में निर्दोषता लौटा दो।

पवित्र अग्नि की प्रार्थना

पवित्रता की आत्मा, मेरी कल्पना के माध्यम से अपनी अग्नि भेजो। काम और अहंकार को जला डालो; मेरे मोह को तब तक शुद्ध करो जब तक मैं केवल तुम्हारी ही इच्छा न करूँ।

आपकी ज्वाला मेरी आँखों को यीशु पर स्थिर रखे ।
मुझे इतना शुद्ध प्रकाश पहनाओ कि अंधकार मुझसे चिपक न सके।

विजय की घोषणा

मेरा शरीर पवित्र आत्मा का मंदिर है।
मैं स्वामी के उपयोग के लिए अलग रखा गया हूँ।
पवित्रता और शक्ति मुझमें एक साथ चलती हैं।

मुहर

यीशु के लहू और पवित्रीकरण की अग्नि के द्वारा, मैं पवित्र और निष्कलंक रखा गया हूं। आमीन।

धन्यवाद

हे प्रभु, मेरे हृदय को अपनी उपस्थिति का निवास स्थान बनाने के लिए धन्यवाद।

अग्नि बिंदु 16 - शक्ति की अग्नि, थकान की भावना को तोड़ें

इसमें लिखा है:

"जो यहोवा की बाट जोहते हैं, वे नया बल प्राप्त करते जाएँगे।" — यशायाह 40:31

"यहोवा का आनन्द तुम्हारा दृढ़ गढ़ है।" — नहेमायाह 8:10

स्वीकारोक्ति और पश्चाताप

हे पिता, मेरी बुड़बुड़ाहट और कायरता को क्षमा कर।
मैं स्वीकार करता हूं कि मैंने अपनी शक्ति पर भरोसा किया है।
मुझे शुद्ध करो, और मेरी आत्मा में नया जीवन फूंक दो।

प्रार्थना

हे शक्ति की अग्नि, अब मुझ पर गिरो।
थकावट और निराशा को जला डालो।
मुझे दिव्य ऊर्जा प्रदान करें ताकि मैं दौड़ सकूं और थक न जाऊं, चल सकूं और बेहोश न हो जाऊं।

घोषणा

मैं प्रभु में और उसकी शक्ति में बलवान हूँ।
उसका आनन्द मुझे प्रतिदिन नया बनाता है।

मुहर

मेमने के लहू और उसकी प्रतिज्ञा के वचन के द्वारा, मैं अलौकिक सामर्थ्य से मुहरबंद हूँ। आमीन।

धन्यवाद

हे प्रभु, मेरे सिर को ऊंचा करने और मुझे शक्ति प्रदान करने के लिए धन्यवाद।

अग्नि बिंदु 17 - एकता की अग्नि, मेरे रिश्तों को ठीक करो

इसमें लिखा है:

"जहां तक हो सके, तुम अपने भरसक सब मनुष्यों के साथ मेल मिलाप रखो।"— रोमियों 12:18

" मेल के बन्ध में आत्मा की एकता रखने का यत्न करो ।" — इफिसियों 4: 3

स्वीकारोक्ति और पश्चाताप

प्रभु, मैं स्वीकार करता हूँ कि अहंकार, ईर्ष्या या कठोर शब्दों ने दूसरों को चोट पहुंचाई है।
मुझे क्षमा करें और मुझे मसीह की विनम्रता सिखाएं।

प्रार्थना

हे प्रेम की अग्नि, मेरे और जिन लोगों को मैंने चोट पहुंचाई है उनके बीच की दीवारों को पिघला दो।
क्षमा दोनों ओर प्रवाहित हो।
हर परिवार और भाईचारा जो झगड़े से विभाजित है, आपकी शांति की ज्वाला में पुनः स्थापित हो।

घोषणा

मैं शांति निर्माता और मेल-मिलाप का वाहक हूं।
जहाँ मैं चलता हूँ, वहाँ परमेश्वर का प्रेम राज करता है।

मुहर

रक्त और अग्नि के द्वारा, मैं अपने रिश्तों को दया और समझदारी से सील करता हूँ। आमीन।

धन्यवाद

हे प्रभु, हृदयों को चंगा करने और हमें अपने प्रेम में एक साथ बांधने के लिए धन्यवाद।

अग्नि बिंदु 18 - आनंद की अग्नि, मेरी आराधना और आनंद को पुनर्स्थापित करो

इसमें लिखा है :

"तेरे निकट आनन्द की परिपूर्णता है।" — भजन संहिता 16:11

"प्रभु में सदा आनन्दित रहो; और मैं फिर कहता हूं, आनन्दित रहो।" — फिलिप्पियों 4: 4

स्वीकारोक्ति और पश्चाताप

पिता, आराधना में मेरी ठण्डीपन और मेरी बड़बड़ाती आत्मा को क्षमा करें।
मैं बिना आनंद के आपकी सेवा करने पर पश्चाताप करता हूँ।

प्रार्थना

हे जीवित परमेश्वर की आत्मा, मुझमें स्तुति की अग्नि फिर से प्रज्वलित कर।
निराशा की राख को विजय के गीतों में बदल दो।
मेरे मुँह को धन्यवाद से भर दो; मेरे हाथों को आराधना से भर दो।

घोषणा

मैं हर समय यहोवा को धन्य कहा करूंगा; उसकी स्तुति निरन्तर मेरे मुख से होती रहेगी।
मेरा आनन्द पूर्ण और अछूता है।

मुहर

मेमने के लहू और आनन्द के तेल के द्वारा, मेरी स्तुति अनंतकाल के लिए मुहरबंद हो गई है। आमीन।

धन्यवाद

हे प्रभु, मुझे भारी मन के लिए प्रशंसा के वस्त्र देने के लिए धन्यवाद।

अग्नि बिंदु 19 - साहस की अग्नि, भय और धमकी की शक्ति को तोड़ें

इसमें लिखा है:

“क्योंकि परमेश्वर ने हमें भय की नहीं पर सामर्थ, और प्रेम, और संयम की आत्मा दी है।”—2 तीमुथियुस 1: 7

“हियाव बान्ध और दृढ़ हो जा; डरो मत।” — यहोशू 1: 9

स्वीकारोक्ति और पश्चाताप

प्रभु, मैं स्वीकार करता हूँ कि भय ने मेरी आज्ञाकारिता को सीमित कर दिया है और मेरी गवाही को खामोश कर दिया है।
आपकी उपस्थिति पर संदेह करने के लिए मुझे क्षमा करें।

प्रार्थना

हे साहस की अग्नि, मुझ पर गिरो।
डरपोकपन को जला डालो और दृढ़ विश्वास जगाओ।
यहूदा का सिंह अंधकार के हर खतरे के विरुद्ध मेरे भीतर दहाड़े।

घोषणा
मैं निडर, दृढ़ और विश्वास से भरा हुआ हूँ।
यहोवा मेरे साथ है; इसलिये मैं विचलित नहीं होऊंगा।

मुहर

लहू, वचन और अग्नि के द्वारा मेरा हृदय पवित्र साहस से मुहरबंद है। आमीन।

धन्यवाद

हे प्रभु, मेरे भय को निडर विश्वास में बदलने के लिए धन्यवाद।

अग्नि बिंदु 20 - संरक्षकता की अग्नि, मेरे घर और प्रियजनों को घेर लो

इसमें लिखा है:

"क्योंकि यहोवा की यह वाणी है, मैं उसके चारों ओर आग की शहरपनाह ठहरूंगा।" — जकर्याह 2: 5

"यहोवा का दूत उसके डरवैयों के चारों ओर छावनी किए हुए उनको बचाता है।" — भजन 34: 7

स्वीकारोक्ति और पश्चाताप

पिता, मेरे परिवार के लिए प्रार्थना में किसी भी प्रकार की लापरवाही को क्षमा करें।
हमारे द्वारों और दीवारों को यीशु के लहू से धोएँ।

प्रार्थना

हे सेनाओं के प्रभु, मेरे घर को अपनी जीवित अग्नि से घेर लो।
हर प्रवेशद्वार लहू से ढक जाये।
हमारी दीवारों के भीतर शांति और हमारे हृदयों में धार्मिकता का वास हो।
हिंसा, विभाजन या निराशा के हर प्रभाव को दूर भगाएँ।

घोषणा

मेरा घर प्रभु का है।
स्वर्गदूत निगरानी करते हैं; शांति रहती है; महिमा बनी रहती है।
मुहर

लहू, वचन और अग्नि के द्वारा, मैं अपने निवास को दिव्य सुरक्षा में सील करता हूँ। आमीन।

धन्यवाद

हे प्रभु, मेरे निवास को अपनी उपस्थिति का अभयारण्य बनाने के लिए धन्यवाद।

अग्नि बिंदु 21 - मेरे परिवार पर पुनर्स्थापना की अग्नि

इसमें लिखा है:

की उपज तुम्हें फेर दूंगा जो टिड्डियों ने खा लीं।" — योएल 2:25

"धर्मी का वंश बचाया जाएगा।" — नीतिवचन 11:21

स्वीकारोक्ति और पश्चाताप

प्रभु, मैं स्वीकार करता हूँ कि मेरा परिवार भटक गया है, प्रतिज्ञाएँ तोड़ दी हैं, और कलह बोया है।
हमें क्षमा करें; यीशु के लहू के द्वारा हमारे वंश को चंगा करें।

प्रार्थना फोकस

मंत्री का ध्यान: प्रत्येक पीढ़ी को नाम से आशीर्वाद देने में विश्वासी का नेतृत्व करें।
हे पिता, हमारे रक्त-वंश में अपनी पुनर्स्थापना की अग्नि भेजिए।
पिछली पीढ़ियों में दफनाए गए प्रत्येक उपहार, प्रतिष्ठा और आशीर्वाद को धार्मिकता में पुनः उभरने दें।

घोषणा

मेरा परिवार जीवन की नदियों द्वारा पुनः रोपा गया एक वृक्ष है।

हमारी जड़ें परमेश्वर की कृपा से पोषित होंगी, और हमारे फल राष्ट्रों को खिलाएंगे।

मुहर

लहू और पवित्र अग्नि के द्वारा, हमारी पारिवारिक कहानी मसीह में पुनः लिखी गई है। आमीन।

धन्यवाद

हे प्रभु, शाप को आशीर्वाद में बदलने और पीढ़ियों को अपनी वाचा में जोड़ने के लिए धन्यवाद।

अग्नि बिंदु 22 - शरीर और आत्मा में उपचार की अग्नि

इसमें लिखा है:

"मैं यहोवा हूं जो तेरा चंगा करता हूं ।" — निर्गमन 15:26

"उसने अपना वचन भेजकर उन्हें चंगा किया।"—भजन 107: 20

स्वीकारोक्ति और पश्चाताप

हे पिता, मेरे अविश्वास और उस शरीर के प्रति उपेक्षा को क्षमा करें जो आपने मुझे दिया है।
मुझे उस कड़वाहट से शुद्ध करो जो हड्डियों को कमजोर करती है।

प्रार्थना फोकस

मंत्री का ध्यान: सम्पूर्णता के लिए प्रार्थना को आमंत्रित करें - यदि उपयुक्त हो तो हाथ रखना या अभिषेक करना।
प्रभु यीशु, आपके उपचारात्मक गुण हर प्रणाली, अंग और भावना के माध्यम से प्रवाहित हों।
पवित्र अग्नि बीमारी और आघात की हर जड़ को नष्ट कर दे।

घोषणा

तेरे कोड़े खाने से मैं चंगा हो गया हूं; मेरा प्राण समृद्ध हो गया है।
मेरे अंदर जीवन ऐसे बहता है जैसे सोने में आग बहती है।

मुहर

यीशु का लहू और प्रतिज्ञा का वचन मेरे स्वास्थ्य और शांति पर मुहर लगाते हैं। आमीन।

धन्यवाद

हे प्रभु, मुझे आत्मा, प्राण और शरीर में संपूर्ण बनाने के लिए धन्यवाद।

अग्नि बिंदु 23 - बुरी नींव से मुक्ति की अग्नि

इसमें लिखा है:

"यदि नींव ही मिट जाए, तो धर्मी क्या कर सकेगा?" — भजन संहिता 11: 3

"जो नींव पड़ी है, उसे छोड़ और कोई दूसरी नींव नहीं डाल सकता, और वह है यीशु मसीह।"—1 कुरिन्थियों 3:11

स्वीकारोक्ति और पश्चाताप

प्रभु, मैं स्वीकार करता हूँ कि मेरा जीवन भय, गर्व और परंपरा पर आधारित था।
मुझे क्षमा कर दो; मेरे नीचे एकमात्र आधार बन जाओ।

प्रार्थना फोकस

मंत्री का ध्यान: विश्वासियों को पुरानी रीति-रिवाजों को त्यागने तथा अपने घर, कार्य और पहचान को मसीह को समर्पित करने के लिए प्रेरित करें।

हे प्रभु, हर दोषपूर्ण स्तंभ को ध्वस्त कर दो।
मेरे भीतर सत्य और प्रेम की अपनी नींव गहराई से रखिए।

घोषणा

मेरा जीवन मसीह पर टिका है जो एक ठोस चट्टान है; तूफान आ सकते हैं, लेकिन मैं नहीं गिरूंगा।

मुहर

यीशु के लहू और अग्नि के द्वारा, मेरी नींव अडिग है। आमीन।

धन्यवाद

हे प्रभु, मुझे उस चट्टान पर पुनः निर्मित करने के लिए धन्यवाद जो कभी नहीं हिलती।

अग्नि बिंदु 24 - उत्पीड़न और अन्याय पर विजय की अग्नि

इसमें लिखा है:

"तेरे विरुद्ध बनाया गया कोई भी हथियार सफल न होगा।" — यशायाह 54:17

"यहोवा पिसे हुए लोगों के लिये शरणस्थान है।" — भजन संहिता 9: 9

स्वीकारोक्ति और पश्चाताप

हे प्रभु, मैं उन लोगों को क्षमा करता हूँ जिन्होंने मेरे साथ अन्याय किया। मुझे प्रतिशोध से शुद्ध कर और मुझे अपने न्याय पर भरोसा करना सिखा।

प्रार्थना फोकस

मंत्री का ध्यान: अपराधों की स्वीकारोक्ति का मार्गदर्शन करें; भजन 35 या 91 को ऊँची आवाज़ में पढ़ें।
न्याय के देवता, अपनी ज्वाला में उठो और अत्याचार को तितर-बितर करो।
मेरी कहानी में धार्मिकता और शांति का मिश्रण हो।

घोषणा

मैं विजेता से भी बढ़कर हूँ; सत्य और दया मेरे मार्ग की रक्षा करते हैं।

मुहर

मसीह का लहू और अग्नि मुझे हर परीक्षा में विजयी बनाते हैं। आमीन।

धन्यवाद

सम्मान का ताज पहनाने के लिए धन्यवाद ।

अग्नि बिंदु 25 - विवेक और आध्यात्मिक दृष्टि की अग्नि

इसमें लिखा है:

"मेरी आंखें खोल दे कि मैं तेरी व्यवस्था की अद्भुत बातें देख सकूं।"
— भजन संहिता 119: 18

भी उजियाला होगा।" — मत्ती 6:22

स्वीकारोक्ति और पश्चाताप

हे प्रभु, मेरे हृदय की सुस्ती और सांसारिक शोर से मेरी व्याकुलता को क्षमा करें।
मेरी दृष्टि को रक्त से धो दे; मुझे वैसा देखने दे जैसा तू देखता है।

प्रार्थना फोकस

मंत्री का ध्यान: विश्वासी की आध्यात्मिक इंद्रियों - दृष्टि, श्रवण, धारणा - को तेज करने के लिए प्रार्थना करें।
हे सत्य की आत्मा, मेरे भीतर दीपक जलाओ।
झूठे दर्शन फीके पड़ जाएं और सच्चा रहस्योद्घाटन उज्ज्वल हो जाए।

घोषणा

मेरी आंखें प्रभु की महिमा को देखती हैं।
मैं ज्योति में चलता हूं; मैं शांति का मार्ग पहचानता हूं।

मुहर

यीशु के लहू और प्रकाश की अग्नि से मेरी आंतरिक दृष्टि पवित्र हो गई है। आमीन।

धन्यवाद

हे प्रभु, आपके आश्चर्यकर्मों को देखने के लिए मेरी आंखें खोलने के लिए धन्यवाद।

अग्नि बिंदु 26 - परिवर्तन के मौसम में स्थिरता की अग्नि

इसमें लिखा है:

"यीशु मसीह कल और आज और युगानुयुग एक-सा है ।" — इब्रानियों 13: 8

"जो यहोवा पर भरोसा रखते हैं, वे सिय्योन पर्वत के समान हैं, जो टल नहीं सकता।" — भजन संहिता 125: 1

स्वीकारोक्ति और पश्चाताप

हे प्रभु, परिवर्तन के समय मेरी चिंता को क्षमा करें।
मैंने आपकी स्थिरता पर संदेह किया है; मेरा विश्वास नवीनीकृत करें।

प्रार्थना फोकस

हे पिता, जब सब कुछ बदल जाए तो मुझे अपने वचन में स्थिर रख।
आपकी अग्नि मेरे भीतर धैर्य और लचीलापन पैदा करे।

घोषणा

मैं स्थिर हूं क्योंकि मेरा ईश्वर कभी नहीं बदलता।
हवाएं भले ही बहें, लेकिन अनुग्रह मेरी जड़ों में गहराई तक समाया हुआ है।

मुहर

लहू, वचन और स्थिरता की आग के द्वारा मेरा हृदय परमेश्वर पर स्थिर है। 🔥💧 आमीन।

धन्यवाद

हे प्रभु, इस बदलती दुनिया में मेरी अपरिवर्तनीय चट्टान बनने के लिए धन्यवाद।

अग्नि बिंदु 27 - निर्णय और रणनीति के लिए ज्ञान की अग्नि

इसमें लिखा है:

"यदि तुम में से किसी को बुद्धि की घटी हो, तो परमेश्वर से मांगे।"—याकूब 1: 5

में पीछे से यह वचन पड़ेगा, मार्ग यही है, इसी पर चलो।" —यशायाह 30:21

स्वीकारोक्ति और पश्चाताप

हे प्रभु, मेरी जल्दबाजी और आत्म-निर्भरता को क्षमा करें।
मुझे अपनी सलाह पर प्रतीक्षा करना सिखाओ।

प्रार्थना फोकस

मंत्री का ध्यान: प्रभु के सामने मौन रहने और सुनने को प्रोत्साहित करें।
हे बुद्धि की आत्मा, मेरे मन में अपनी अग्नि जलाओ।
मेरे कदमों को स्पष्टता से निर्देशित करें; आपकी वाणी के आगे भ्रम मिट जाए।

घोषणा

मुझमें मसीह का मन है; मैं उसकी सलाह से निर्णय लेता हूँ।

मुहर

यीशु के लहू और प्रकाशन की अग्नि से, मेरे मार्ग बुद्धि से व्यवस्थित हैं। आमीन।

धन्यवाद

हे प्रभु, अनन्त मार्ग पर मेरा मार्गदर्शन करने के लिए धन्यवाद।

अग्नि बिंदु 28 — पवित्र सेवा और विनम्रता की अग्नि

इसमें लिखा है:

"जो कोई तुम में प्रधान होना चाहे, वह तुम्हारा सेवक बने।"— मत्ती 20:27

"उसने अपने आप को दीन किया, और मृत्यु तक आज्ञाकारी रहा।"—फिलिप्पियों 2: 8

स्वीकारोक्ति और पश्चाताप

हे प्रभु, अभिमान और प्रशंसा की इच्छा को क्षमा करें।
मुझे विनम्रता से धोइये और सेवा करने का आनंद पुनः प्रदान कीजिये।

प्रार्थना फोकस

प्रभु यीशु, स्वार्थी महत्वाकांक्षा को जला डालो।
आपके प्रेम की अग्नि मुझे सभी का सच्चा सेवक बना दे ।
मेरे हाथों, शब्दों और समय का उपयोग अनुग्रह के साधन के रूप में करें।

घोषणा

मैं आनन्द से सेवा करता हूं; मैं प्रेम से अगुवाई करता हूं।
मसीह की महानता मेरे द्वारा प्रकट होती है।

मुहर

नम्रता के रक्त और अग्नि द्वारा, मैं एक वफादार सेवक के रूप में मुहरबंद हूँ। आमीन।

धन्यवाद

हे प्रभु, मुझे आपके घर में सेवा करने के योग्य समझने के लिए धन्यवाद।

अग्नि बिंदु 29 - आत्माओं के लिए मध्यस्थता और करुणा की अग्नि

इसमें लिखा है:

"इसलिए खेत के स्वामी से प्रार्थना करो कि वह अपने खेत काटने के लिए मजदूर भेज दे।" —मत्ती 9:38

के प्रभाव से बहुत कुछ हो सकता है।" — याकूब 5:16

स्वीकारोक्ति और पश्चाताप

हे प्रभु, खोए हुओं के प्रति मेरी उदासीनता को क्षमा करें।
जो तुम्हारा दिल तोड़ता है, उसके लिए मेरा दिल तोड़ दो।

प्रार्थना फोकस

मंत्री का फोकस: राष्ट्रों, नेताओं और बचाए न गए लोगों के लिए मध्यस्थता में नेतृत्व करना।
अनुग्रह और प्रार्थना की आत्मा ने मेरे हृदय में आत्माओं के लिए आग लगा दी।
मेरी प्रार्थनाएं पृथ्वी भर में दया का माध्यम बन जाएं।

घोषणा

मैं अंतराल में खड़ा हूं; मेरी प्रार्थनाएं परमेश्वर के सामने धूप हैं।

मुहर

यीशु के लहू और करुणा की अग्नि से, मेरी मध्यस्थता कायम रहती है। आमीन।

धन्यवाद

प्रभु, संसार के प्रति अपना बोझ मेरे साथ साझा करने के लिए धन्यवाद।

अग्नि बिंदु 30 - महिमा और निरंतर उपस्थिति की अग्नि

इसमें लिखा है:

"परन्तु जब हम सब के उघाड़े हुए चेहरे से प्रभु का प्रताप इस प्रकार प्रगट होता है, जैसे दर्पण में, तो हम बदल जाते हैं।" - 2 कुरिन्थियों 3:18

“निश्चय धर्मी लोग तेरे नाम का धन्यवाद करेंगे; सीधे लोग तेरे सम्मुख वास करेंगे।” — भजन संहिता 140: 13

स्वीकारोक्ति और पश्चाताप

हे प्रभु, आपकी उपस्थिति को हल्के में लेने के लिए मुझे क्षमा करें। मुझे व्याकुलता और आत्म-गौरव से शुद्ध करो।

प्रार्थना फोकस

मंत्री का ध्यान: तब तक आराधना का नेतृत्व करें जब तक कि ईश्वर की उपस्थिति का अहसास कमरे में न भर जाए।
पिता, आपकी महिमा मेरे भीतर और मेरे चारों ओर आग की तरह उठे। मैल को भस्म कर दो; मेरे जीवन में यीशु की सुन्दरता को प्रकट करो।

घोषणा

प्रभु की महिमा मुझे घेरे हुए है; उसकी उपस्थिति मेरा वातावरण है।

मुहर

उसके लहू, वचन और महिमा की अग्नि के द्वारा, मैं सदा के लिए उसकी उपस्थिति में छिपा हुआ हूँ। आमीन।

धन्यवाद

हे प्रभु, मेरे साथ रहने और मुझे अपने प्रकाश का वाहक बनाने के लिए धन्यवाद।

अग्नि बिंदु 31 - अभिषेक की अग्नि और स्वच्छ हाथ

इसमें लिखा है:

“यहोवा के पर्वत पर कौन चढ़ेगा? और उसके पवित्र स्थान में कौन खड़ा होगा? वह जिसके काम शुद्ध और हृदय शुद्ध हो।” — भजन संहिता 24: 3–4
“अपने शरीरों को जीवित, पवित्र, और परमेश्वर को भावता हुआ बलिदान करके चढ़ाओ।”—रोमियों 12: 1

स्वीकारोक्ति और पश्चाताप :

हे प्रभु, मैं समझौते और लापरवाही के लिए पश्चाताप करता हूँ। अपने लहू से मेरे इरादों और मेरे कार्यों को शुद्ध कर।

प्रार्थना का केंद्रबिंदु: समर्पण की अग्नि, मेरे उद्देश्यों को परिष्कृत कर। मैं जो कुछ भी करूँ, वह प्रेम और सत्य से प्रेरित हो। मंत्री का केंद्रबिंदु: जीवन और सेवा के पुनर्समर्पण में नेतृत्व प्रदान करें।

घोषणा

मेरे हाथ पवित्र हैं; मेरा काम राजा की महिमा करता है।

सील और धन्यवाद:

लहू और पवित्र अग्नि के द्वारा मैं परमेश्वर के लिए अलग किया गया हूँ। आमीन।

अग्नि बिंदु 32 - आज्ञाकारिता और संरेखण की अग्नि

इसमें लिखा है:

"आज्ञा मानना बलिदान से उत्तम है।" — 1 शमूएल 15:22
"यदि तुम मुझ से प्रेम रखते हो, तो मेरी आज्ञाओं को मानोगे।" — यूहन्ना 14:15

स्वीकारोक्ति और पश्चाताप:

हे प्रभु, उन समयों को क्षमा कर, जब मैंने सुना परन्तु उसका पालन नहीं किया।

प्रार्थना का केंद्रबिंदु: प्रभु के भय की आत्मा, मेरे हृदय में आज्ञाकारिता अंकित कर। मेरी इच्छा को स्वर्ग की इच्छा के साथ मिला दे।

घोषणा:

हे परमेश्वर, मैं तेरी इच्छा पूरी करने से प्रसन्न हूं; तेरा नियम मेरे हृदय में है।

सील और धन्यवाद :

वाचा के लहू और वचन के द्वारा मैं आनन्दित आज्ञाकारिता में चलता हूँ। आमीन।

अग्नि बिंदु 33 - विश्वास और अटूट भरोसे की आग

इसमें लिखा है:

"धर्मी जन अपने विश्वास से जीवित रहेगा।" — हबक्कूक 2: 4
"वह विजय जिस से संसार पर जय प्राप्त होती है हमारा विश्वास है।" — 1 यूहन्ना 5: 4

स्वीकारोक्ति और पश्चाताप:

हे प्रभु, मेरे संदेह और अविश्वास को क्षमा करें।

प्रार्थना का केंद्रबिंदु: पवित्र आत्मा, मेरे विश्वास को फिर से प्रज्वलित कर। तेरे वचन के आगे हर भय पिघल जाए।
मंत्री का ध्यान: विश्वासपूर्ण धर्मशास्त्रों को ऊँची आवाज में बोलें; विश्वास की घोषणाओं को प्रोत्साहित करें।

घोषणा : मैं परमेश्वर पर विश्वास करता हूँ; इसलिए मैं उसकी महिमा देखता हूँ।

मुहर और धन्यवाद: विश्वास की अग्नि मेरे भीतर सदैव प्रज्वलित रहे। आमीन।

अग्नि बिंदु 34 - दुःख में आनंद और प्रशंसा की अग्नि

इसमें लिखा है:

"प्रभु में सदा आनन्दित रहो।" — फिलिप्पियों 4: 4
"यहोवा का आनन्द तुम्हारा दृढ़ गढ़ है।" — नहेमायाह 8:10

स्वीकारोक्ति और पश्चाताप:

हे प्रभु, मेरी शिकायतों को क्षमा कर; मुझे कृतज्ञता सिखा।

प्रार्थना का केंद्रबिंदु: हे प्रभु, परीक्षाओं के बीच में स्तुति को आग की तरह उठने दो; दुःख को गीत में बदल दो।

घोषणा:

मैं विश्वास से आनन्दित होता हूं; मेरी स्तुति जंजीरों को तोड़ देती है।

सील और धन्यवाद:

आनन्द के लहू और तेल से मेरा आनन्द पूर्ण हो गया है। आमीन।

अग्नि बिंदु 35 - दया और क्षमा की अग्नि

इसमें लिखा है:

"धन्य हैं वे, जो दयालु हैं, क्योंकि उन पर दया की जाएगी।" — मत्ती 5: 7
"एक दूसरे पर कृपालु बनो... जैसे परमेश्वर ने मसीह में तुम्हारे अपराध क्षमा किए, वैसे ही तुम भी एक दूसरे के अपराध क्षमा करो।" — इफिसियों 4:32

स्वीकारोक्ति और पश्चाताप:
हे प्रभु, मेरे हृदय की कठोरता को क्षमा कर; मुझे दया करना सिखा।

प्रार्थना का केंद्रबिंदु: पिता, मुझ पर अपनी दया बरसाइए जब तक कि मैं दूसरों के लिए उपचार का साधन न बन जाऊं।

घोषणा :
मैं करुणा से चलता हूं; अपराध मुझ में जगह नहीं पाता।

सील और धन्यवाद:
दया के लहू के द्वारा मैं क्षमा करने और क्षमा पाने के लिए स्वतंत्र हूँ। आमीन।

अग्नि बिंदु 36 — प्रार्थना और सतर्कता की अग्नि

इसमें लिखा है:

" जागते और प्रार्थना करते रहो, कि तुम परीक्षा में न पड़ो।" — मत्ती 26:41
"मनुष्यों को नित्य प्रार्थना करते रहना चाहिए और हियाव न छोड़ना चाहिए।" — लूका 18: 1

स्वीकारोक्ति और पश्चाताप:
हे प्रभु, प्रार्थनाहीनता और व्याकुलता को क्षमा करें।

प्रार्थना का केंद्रबिंदु: अनुग्रह और विनती की आत्मा, मेरी निगरानी को जगा। मुझे दिन -रात आत्मा में सतर्क रख।

घोषणा:
मेरी वेदी निरन्तर जलती रहती है; मैं दीवारों पर पहरेदार हूँ।

सील और धन्यवाद:
दृढ़ता के रक्त और अग्नि से मेरा प्रार्थना जीवन कभी समाप्त नहीं होगा। आमीन।

अग्नि बिंदु 37 - तूफान में शांति की आग

इसमें लिखा है:

"जिसका मन तुझ पर स्थिर रहता है, उसको तू पूर्ण शान्ति के साथ सुरक्षित रखता है।" — यशायाह 26: 3
" मैं तुम्हें शान्ति दिए जाता हूँ, अपनी शान्ति तुम्हें देता हूँ।" — यूहन्ना 14:27

स्वीकारोक्ति और पश्चाताप:
हे प्रभु, घबराहट और चिंता को क्षमा कर;
मैं अपनी दृष्टि वापस आपकी ओर मोड़ता हूँ।

प्रार्थना का केंद्रबिंदु: शांति के राजकुमार, मेरे चारों ओर के तूफान पर साँस फूँकें; बोलें, "शांति, शांत हो जाओ।"

घोषणा:
हवाएं मेरे प्रभु की आज्ञा मानती हैं; मैं उनकी शांति में विश्राम करता हूं।

सील और धन्यवाद:
मेल-मिलाप के लहू के द्वारा, भीतर और बाहर शांति का राज्य होता है। आमीन।

अग्नि बिंदु 38 — राज्य की अग्नि का प्रभाव और प्रभाव

इसमें लिखा है:

"तुम जगत की ज्योति हो... तुम पृथ्वी के नमक हो।" — मत्ती 5: 13–14
"पृथ्वी यहोवा की महिमा के ज्ञान से भर जाएगी।" — हबक्कूक 2:14

स्वीकारोक्ति और पश्चाताप:

हे प्रभु, प्रकाश को छिपाने को क्षमा कर; गवाही में समझौता करने को क्षमा कर।

प्रार्थना का केंद्रबिंदु: पवित्र आत्मा, मेरे प्रभाव को प्रज्वलित कर दो; निष्ठा और प्रेम मेरे क्षेत्र को बदल दें।

घोषणा:

मैं अंधकार में प्रकाश हूँ, स्वाद में नमक हूँ , राजा का दूत हूँ।

सील और धन्यवाद:

मिशन के रक्त और अग्नि से मेरा जीवन राज्य के प्रभाव से चमकता है। आमीन।

अग्नि बिंदु 39 - धीरज और अंतिम अनुग्रह की अग्नि

इसमें लिखा है:

"जो अन्त तक धीरज धरे रहेगा, वह उद्धार पाएगा।"— मत्ती *24:13*
"मैं अच्छी कुश्ती लड़ चुका हूँ, मैं ने अपनी दौड़ पूरी कर ली है।"— *2* ***तीमुथियुस*** *4: 7*

स्वीकारोक्ति और पश्चाताप:
हे प्रभु, हार मानने की भावना को क्षमा कर; मेरे भीतर दृढ़ता को नवीनीकृत कर।

प्रार्थना का केंद्रबिंदु: मेरे हाथों को मजबूत करो, मेरे संकल्प को दृढ़ करो, धैर्य की अग्नि मुझे तब तक परिष्कृत करे जब तक मैं अच्छी तरह से समाप्त न कर लूं।

घोषणा:
मैं लक्ष्य की ओर बढ़ता हूँ; कोई भी चीज़ मुझे पीछे नहीं हटा सकती।

सील और धन्यवाद:
वाचा के लहू और धीरज की अग्नि के द्वारा, मैं आनन्द के साथ अपना काम पूरा करूँगा। आमीन।

अग्नि बिंदु 40 - अनन्त महिमा और आराधना की अग्नि

इसमें लिखा है:

"अब सनातन राजा, अविनाशी, अनदेखे, अद्वैत बुद्धिमान परमेश्वर का आदर और महिमा युगानुयुग होती रहे ।" — 1 तीमुथियुस 1:17
"और वे उस पर जयवन्त हुए... और उन्होंने अपने प्राणों को प्रिय न जाना, यहां तक कि मृत्यु भी सह ली।" — प्रकाशितवाक्य 12:11

स्वीकारोक्ति और पश्चाताप:

हे प्रभु, हर प्रकार के अभिमान और आत्म-प्रशंसा को क्षमा कर; सारी महिमा आपकी है।

प्रार्थना का केंद्रबिंदु: मेरा जीवन निरन्तर आराधना बन जाए; आपकी महिमा मुझमें और मेरे द्वारा सदा-सदा के लिए प्रकट हो।

घोषणा:

राज्य, पराक्रम और महिमा तेरे ही हैं।
मैं सदैव आपकी पूजा करने के लिए जीता हूँ।

सील और धन्यवाद:

मेमने के लहू और आराधना की अनन्त अग्नि के द्वारा, मैं अनुग्रह के सिंहासन से बंधा हुआ हूँ। आमीन।

वचन में जीने की योजना

दैनिक धर्मशास्त्र नवीनीकरण और चिंतन रूपरेखा

"व्यवस्था की यह पुस्तक तेरे चित्त से कभी न उतरने पाए, इसी में दिन रात ध्यान दिए रहना, इसलिये कि जो कुछ उसमें लिखा है उसके अनुसार करने की तू चौकसी करे; क्योंकि ऐसा ही करने से तेरे सब काम सफल होंगे, और तू प्रभावशाली होगा।" — यहोशू 1: 8

मुक्ति अनुशासन से कायम रहती है, और अनुशासन वचन से कायम रहता है।
वही यीशु जिसने लूका 9 में दुष्टात्माओं को निकाला था, लूका 4 में लिखित वचन के द्वारा शैतान पर विजय प्राप्त की - "यह लिखा है।"
स्वतंत्र बने रहने के लिए आपको भरा हुआ रहना होगा।
यह योजना नवीनीकरण की आपकी दैनिक आदत है - पुराने नियम से एक अध्याय, नए नियम से एक - वाचा और अनुग्रह, बुद्धि और शक्ति दोनों को पोषित करना।

दैनिक पठन संरचना

1. पुराने नियम से एक अध्याय पढ़ें
उत्पत्ति से शुरू करें और अपनी गति से आगे बढ़ें।
देखिये कि परमेश्वर किस प्रकार निर्माण करता है, बुलाता है, छुड़ाता है, और पुनर्स्थापित करता है।

2. नए नियम से एक अध्याय पढ़ें
मत्ती से शुरू करें और प्रकाशितवाक्य तक यात्रा करें।
देखिये कि यीशु किस प्रकार व्यवस्था और भविष्यद्वक्ताओं की घोषणाओं को पूरा करता है।

3. पढ़ने से पहले आत्मा से बोलने के लिए कहें
यह प्रार्थना फुसफुसाएं:

"पवित्र आत्मा, मेरी आँखें खोल दे कि मैं तेरे वचन की अद्भुत बातें देख सकूँ।" — भजन संहिता 119: 18

चिंतन प्रश्न

पढ़ने के बाद, प्रत्येक दिन संक्षेप में अपने उत्तर लिखें।
ये प्रश्न आपकी श्रवण शक्ति को तीव्र करेंगे और पढ़ने को रहस्योद्घाटन में बदल देंगे।

1. परमेश्वर क्या कह रहा है?

पिता की ओर से आए किसी भी प्रत्यक्ष वचन पर ध्यान दें - आज्ञाएँ, वादे या चेतावनियाँ।

2. यीशु क्या कह रहे हैं?

उसके वचन, चमत्कार या कार्य उसके हृदय और राज्य के बारे में क्या प्रकट करते हैं?

3. पवित्र आत्मा क्या कह रहा है?

मैं जो पढ़ता हूँ उसके माध्यम से आत्मा मुझे कैसे दोषी ठहराती है, सांत्वना देती है, या मार्गदर्शन देती है?

4. भविष्यद्वक्ता, प्रेरित, या लेखक आत्मा के निर्देश से क्या कह रहा है?

उनकी शिक्षा या कहानी के पीछे छिपे दैवी सिद्धांत को पहचानें।

5. मैं क्या सीख रहा हूँ?

आज प्राप्त अंतर्दृष्टि, सुधार या प्रोत्साहन का सारांश दीजिए।

6. मुझे क्या करने की आज्ञा दी जा रही है या क्या सिखाया जा रहा है?

आज्ञाकारिता के किसी भी स्पष्ट चरण को लिखें।

7. मुझे इसे कैसे लागू करना चाहिए?

व्यावहारिक बनें। आज आप क्या शुरू कर सकते हैं, क्या रोक सकते हैं या क्या बदल सकते हैं?

8. मुझे इसे कब लागू करना चाहिए?

एक समय-सीमा या तत्काल कार्रवाई निर्धारित करें (उदाहरण के लिए, "आज", "सोने से पहले", "अगली बैठक")।

9. जब मैंने इसे लागू किया तो परिणाम क्या था?

आज्ञाकारिता के बाद आपने जो परिणाम या आंतरिक परिवर्तन देखा उसे रिकॉर्ड करें।

10. गवाही क्या है?

ध्यान दीजिए कि आप किस बात के लिए परमेश्वर को धन्यवाद दे सकते हैं और उसे दूसरों के साथ साझा कर सकते हैं।

11. आज मैं इसे किसके साथ साझा कर सकता हूँ?

प्रत्येक सत्य बोने पर बीज बन जाता है। प्रतिदिन किसी एक व्यक्ति को प्रोत्साहित करने के लिए खोजें।

लक्ष्य

प्रत्येक सप्ताह के अंत में अपने नोट्स और साक्ष्यों की समीक्षा करें। देखें कि कैसे आपकी प्रतिक्रियाएँ गहरी होती जाती हैं, आपकी सुनने की क्षमता स्पष्ट होती जाती है, और आपका विश्वास दृढ़ होता जाता है।
एक वर्ष में, आप पूरी बाइबल पढ़ चुके होंगे और ईश्वरीय मुलाकातों का एक व्यक्तिगत अभिलेख लिख चुके होंगे—यह प्रमाण कि परमेश्वर का वचन कार्य करता है।

याद करना

बनाए रखी गई स्वतंत्रता, कई गुना बढ़ जाती है।
हर बार जब आप बाइबल खोलते हैं, तो आप परमेश्वर के लिए पुनः बोलने का द्वार खोलते हैं।
जहां पवित्रशास्त्र की बाड़ मजबूत है, वहां सर्प नहीं काट सकता।
वचन को अपने अंदर भरपूरी से बसने दें - आपके मन को नया करें, आपके इरादों को शुद्ध करें, और आपके मुंह को हमेशा यह कहने के लिए तैयार करें, "यह लिखा है।"

“तेरा वचन मेरे पाँव के लिये दीपक, और मेरे मार्ग के लिये उजियाला है।” — भजन संहिता 119: 105

वचन में जीना — नमूना आवेदन - 1

उत्पत्ति 3 और प्रकाशितवाक्य 3

(चिंतन प्रश्नों का उपयोग करके दैनिक अध्ययन का उदाहरण)

1. परमेश्वर क्या कह रहा है?

उत्पत्ति 3:
परमेश्वर कह रहा है कि अवज्ञा धोखे और मृत्यु का द्वार खोलती है।

वह स्वयं को एक पिता के रूप में दिखाता है जो असफलता के बाद भी पुकारता है: “हे आदम, तू कहां है?” (वचन 9)।
न्याय आता है, फिर भी दया बोलती है—“स्त्री के वंश” के माध्यम से छुटकारे की प्रतिज्ञा।

प्रकाशितवाक्य 3:
परमेश्वर कहता है कि वह अपनी कलीसिया के कार्यों को जानता है। वह उदासीन लोगों को चेतावनी देते हैं कि उदासीनता विद्रोह के समान ही खतरनाक है, लेकिन जो लोग वफादार बने रहते हैं उनके लिए वह एक खुला द्वार प्रस्तुत करते हैं।
वह दरवाजे पर खड़ा होकर दस्तक देता है, फिर भी संगति की इच्छा रखता है।

2. यीशु क्या कह रहे हैं?

उत्पत्ति 3 में, यीशु वह प्रतिज्ञात वंश है जो सर्प का सिर कुचलेगा - जो श्राप के बीच परमेश्वर का छिपा हुआ आशा का वचन है।
प्रकाशितवाक्य 3 में, यीशु सीधे कहते हैं: “देख, मैं द्वार पर खड़ा हुआ खटखटाता हूँ।” वह विश्वासियों को नए सिरे से घनिष्ठता के लिए बुलाते हैं और वादा करते हैं: “जो जय पाए, मैं उसे अपने साथ अपने सिंहासन पर बैठाऊँगा।”

वह कह रहे हैं, "पहले प्यार की ओर लौटो। दरवाज़ा फिर से खोलो।"

3. पवित्र आत्मा क्या कह रहा है?

आत्मा मुझे याद दिलाती है कि पाप विद्रोह बनने से पहले सुझाव के रूप में शुरू होता है।

वह मुझे सावधान करता है कि मैं उन वार्तालापों, विचारों और इच्छाओं से दूर रहूँ जो परमेश्वर की भलाई पर प्रश्न उठाती हैं।
वह फुसफुसाते हुए कहते हैं, "अपनी आग जलती रखो; गुनगुना मत बनो।"

4. भविष्यद्वक्ता, प्रेरित, या लेखक आत्मा के निर्देश से क्या कह रहा है?

मूसा ने मानवता के प्रथम पतन का वर्णन प्रत्येक टूटन के मूल को दिखाने के लिए किया है - तथा एक मुक्तिदाता की आवश्यकता को भी दर्शाया है।
यूहन्ना ने आत्मिक आत्मसंतुष्टि को उजागर करने और कलीसिया को पश्चाताप के लिए बुलाने के लिए प्रकाशितवाक्य 3 लिखा।
दोनों एक ही सत्य का प्रचार कर रहे हैं: परमेश्वर अभी भी संगति चाहता है; पाप और आत्म-निर्भरता इसे तोड़ देते हैं।

5. मैं क्या सीख रहा हूँ?

आज्ञाकारिता मुझे स्वर्ग में रखती है; सीमाओं के बिना जिज्ञासा मुझे बाहर निकाल देती है।
जब मैं छिपता हूँ तब भी परमेश्वर की आवाज़ मुझे खोजती है।
यीशु रीति-रिवाज से अधिक संबंधों को महत्व देते हैं - वे दस्तक देते हैं, बलपूर्वक प्रवेश नहीं कराते।

उदासीन विश्वास परमेश्वर को अपमानित करता है क्योंकि यह उसके जुनून को गलत तरीके से प्रस्तुत करता है।

6. मुझे क्या करने की आज्ञा दी जा रही है या क्या सिखाया जा रहा है?

कार्य करने से पहले सुनें; प्रलोभन देने वाले से प्रश्न करें, सत्य से नहीं।

जब आपको विश्वास हो जाए तो तुरंत पश्चाताप करें।

मेरे हृदय का द्वार प्रतिदिन संवाद के लिए खुला रखें।

उत्साही बने रहें; प्रार्थना, आराधना और आज्ञाकारिता के माध्यम से आध्यात्मिक तापमान बनाए रखें।

7. मुझे इसे कैसे लागू करना चाहिए?

प्रत्येक सुबह की शुरूआत यह पूछकर करें, "प्रभु, मैं कहाँ हूँ?"—उसे आत्मिक रूप से मुझे ढूंढने के लिए आमंत्रित करें।

प्रत्येक दिन का अंत अपने हृदय को नए सिरे से खोलकर करें: "प्रभु यीशु, अन्दर आइये।"

ऐसी विषय-वस्तु को अस्वीकार करें जो संदेह, वासना या अहंकार को जागृत करती है - वही द्वार जिसने हव्वा को धोखा दिया था।

व्यर्थ स्क्रॉलिंग के स्थान पर धर्मग्रंथ पढ़ना अपनाएं; शिकायत के स्थान पर कृतज्ञता अपनाएं।

8. मुझे इसे कब लागू करना चाहिए?

तुरन्त—आज ही।
साँप रोज़ परीक्षा देता है; उद्धारकर्ता रोज़ दस्तक देता है। मेरी प्रतिक्रिया भी रोज़ होनी चाहिए।

9. जब मैंने इसे लागू किया तो परिणाम क्या था?

मेरे विचारों में शांति लौट आई।
प्रलोभनों की आवाज बंद हो गई क्योंकि मैंने उत्तर दिया, "यह लिखा है।"
संगति आसान हो गई; प्रार्थना हल्की लगने लगी; नींद गहरी आने लगी।
जिस वचन ने दोषी ठहराया, उसी ने सांत्वना भी दी।

10. गवाही क्या है?

जब मैंने तुरन्त आज्ञा का पालन किया, तो मुझे लगा कि मेरे भीतर अदन पुनः खुल गया है।
जहां कभी शर्म फुसफुसाती थी, अब अनुग्रह जोर से बोलता है।
ईश्वर की उपस्थिति अब दूर नहीं है; वह दिन की शीतलता में मेरे साथ चलती है।
मैंने सीखा है कि अदन के द्वार पर जलती हुई तलवार मुझे बाहर रखने के लिए नहीं थी - बल्कि पाप को वापस अंदर आने से रोकने के लिए थी।

11. आज मैं इसे किसके साथ साझा कर सकता हूँ?

एक मित्र जो पुनः गिरने के बाद स्वयं को परमेश्वर के अयोग्य समझता है।
मैं उनसे कहूँगा: "वह अभी भी बगीचे में तुम्हारा नाम पुकारते हुए घूमता है।"
और जो विश्वास में थक गया है, मैं उसे प्रकाशितवाक्य 3:20 बताऊंगा—वह अब भी दस्तक देता है।

सारांश अंतर्दृष्टि

उत्पत्ति 3 से प्रकाशितवाक्य 3 तक कहानी एक जैसी है:

परमेश्वर संगति खोजता रहता है; मनुष्य दरवाजे बंद करता रहता है; फिर भी दया खटखटाती रहती है।
मुक्ति तब शुरू होती है जब मैं पुनः दरवाजा खोलता हूँ - पूरी तरह से, प्रतिदिन, आनन्दपूर्वक।

"देख, मैं ने तेरे साम्हने एक द्वार खोल रखा है, और कोई उसे बन्द नहीं कर सकता।" — प्रकाशितवाक्य 3: 8

वचन में जीना — नमूना आवेदन 2

उत्पत्ति 6 और लूका 4

(चिंतन प्रश्नों का उपयोग करके दैनिक अध्ययन का उदाहरण)

1. परमेश्वर क्या कह रहा है?

उत्पत्ति 6:
परमेश्वर कह रहा है कि अनियंत्रित दुष्टता उसके हृदय को दुःखी करती है।
वह मानवजाति की भ्रष्टता को देखता है और घोषणा करता है कि उसका आत्मा सदैव शरीर के साथ संघर्ष नहीं करेगा।
फिर भी न्याय करते समय भी, वह दया को याद रखता है - वह नूह को ऐसे व्यक्ति के रूप में चुनता है जिसने अनुग्रह पाया।

लूका 4:
परमेश्वर कह रहा है कि प्रलोभन पर विजय उसके वचन के प्रति आज्ञाकारिता के माध्यम से मिलती है।
पवित्र आत्मा से परिपूर्ण होकर यीशु शैतान का सामना करता है और पवित्रशास्त्र के द्वारा विजय प्राप्त करता है।
परमेश्वर ने पुष्टि की है कि उसका वचन पर्याप्त हथियार और बचाव है ।

2. यीशु क्या कह रहे हैं?

उत्पत्ति 6 में, यीशु उद्धार का आने वाला जहाज है - जिसका पूर्वाभास नूह की आज्ञाकारिता में मिलता है।
लूका 4 में, यीशु सीधे शत्रु से कहता है: “यह लिखा है।”
वह सिखाते हैं कि प्रत्येक विश्वासी परमेश्वर के वचन को जानने, उस पर विश्वास करने और उसे घोषित करने के द्वारा दृढ़ रह सकता है।

3. पवित्र आत्मा क्या कह रहा है?

वह चेतावनी देते हैं: “अपने परिवेश और अपनी कल्पनाशीलता की रक्षा करें।”
भ्रष्टाचार तब शुरू हुआ जब मनुष्य ने परमेश्वर को प्रसन्न करने वाली चीज़ों के बजाय अपनी आँखों को प्रसन्न करने वाली चीज़ें लीं।
वह पवित्रशास्त्र और प्रार्थना के माध्यम से निरंतर नवीनीकरण का आग्रह करते हैं, तथा याद दिलाते हैं कि प्रलोभन हमेशा सबसे पहले पहचान पर हमला करता है - " यदि तू परमेश्वर का पुत्र है..."

4. भविष्यद्वक्ता, प्रेरित, या लेखक आत्मा के निर्देश से क्या कह रहा है?

मूसा ने बताया कि पाप, एक बार सहन कर लेने पर, पीढ़ियों तक फैलता है; आज्ञाकारिता, एक बार चुन लेने पर, वंश को सुरक्षित रखती है।

लूका ने लिखा है कि परमेश्वर के पुत्र को भी प्रलोभन का सामना करना पड़ा, जिससे विश्वासियों को पता चलता है कि पवित्रता परीक्षित आज्ञाकारिता से सिद्ध होती है, न कि अलगाव से।

5. मैं क्या सीख रहा हूँ?

पवित्रता सुरक्षा करती है; समझौता विनाश को आमंत्रित करता है।

अनुग्रह एक भ्रष्ट संसार में एक व्यक्ति को बचा सकता है।

विश्वास से बोला गया पवित्रशास्त्र शत्रु के झूठ को चुप करा देता है।

प्रलोभन को पहले से ही मौजूद सत्य से पराजित किया जाता है, न कि अंतिम क्षण की घबराहट से।

6. मुझे क्या करने की आज्ञा दी जा रही है या क्या सिखाया जा रहा है?

आज्ञाकारिता का एक जहाज बनाओ - दैनिक अनुशासन जो मेरी आत्मा की रक्षा करता है।

तूफ़ान से पहले वचन को सुरक्षित रखें।

ऐसे हर सुझाव का विरोध करें जो परमेश्वर की भलाई या समय पर सवाल उठाता हो।

आत्मा को प्रसन्न करने के लिए जियो, भीड़ को नहीं।

7. मुझे इसे कैसे लागू करना चाहिए?

सुबह और शाम की भक्ति को अपने "जहाज" समय के रूप में अलग रखें।

मैं अक्सर जिस प्रलोभन का सामना करता हूँ, उसके लिए एक श्लोक याद कर लेता हूँ।

डिजिटल और भावनात्मक दरवाजे बंद कर दीजिए जो मेरे दिमाग को अशुद्धता से भर देते हैं।

धार्मिकता को चुनो, भले ही वह मुझे नूह की तरह अकेला खड़ा कर दे।

8. मुझे इसे कब लागू करना चाहिए?

अब।
जल प्रलय ने नूह की योजना पूरी होने तक प्रतीक्षा नहीं की; उसे तुरन्त निर्माण कार्य आरम्भ करना पड़ा।
प्रलोभन कभी भी नियुक्तियां निर्धारित नहीं करता - यह तब आता है जब हम तैयार नहीं होते।

9. जब मैंने इसे लागू किया तो परिणाम क्या था?

भय का स्थान शांति ने ले लिया।
दबाव के क्षणों में पवित्रशास्त्र जीवंत हो उठा।
प्रतिक्रिया देने के बजाय, मैंने कहा, "यह लिखा है।"
मेरी भावनाएँ मेरे आवेगों से अधिक मजबूत हो गईं।

10. गवाही क्या है?

आज्ञाकारिता ने बारिश शुरू होने से पहले ही मेरा जहाज़ बना दिया।
मैंने सीखा कि एक श्लोक पर विश्वास करना हजार भय से अधिक शक्तिशाली है।
नूह की तरह, मैंने पाया कि अनुग्रह अभी भी उन लोगों को पाता है जो परमेश्वर के साथ चलते हैं;
यीशु की तरह, मैंने यह साबित कर दिया कि वचन अभी भी जंगल में जीतता है।

11. आज मैं इसे किसके साथ साझा कर सकता हूँ?

एक युवा आस्तिक सांस्कृतिक दबाव से अभिभूत है।
मैं उनसे कहूँगा: "जल्दी निर्माण करो—बाढ़ का इंतज़ार मत करो। तूफ़ान से पहले वचन बोलो।"

सारांश अंतर्दृष्टि

उत्पत्ति 6 भ्रष्टाचार के विरुद्ध चेतावनी देता है जो न्याय को आमंत्रित करता है।
लूका 4 में इलाज का खुलासा किया गया है - यीशु, जीवित वचन, लिखित सत्य के साथ हर प्रलोभन पर विजय प्राप्त करता है।
जहाँ नूह ने लकड़ी का जहाज बनाया था, वहीं यीशु ने शब्दों का जहाज बनाया।
दोनों आज भी बचत करते हैं।

"घास तो सूख जाती , और फूल मुर्झा जाता है ; परन्तु हमारे परमेश्वर का वचन सदैव अटल रहेगा ।" — यशायाह 40: 8

वचन में जीना — नमूना आवेदन 3

निर्गमन 14 और प्रेरितों के काम 16

(चिंतन प्रश्नों का उपयोग करके दैनिक अध्ययन का उदाहरण)

1. परमेश्वर क्या कह रहा है?

निर्गमन 14:
परमेश्वर कह रहा है, “स्थिर खड़े रहो और मेरा उद्धार देखो।”
जब उसके लोग असंभव समुद्र तक पहुँच गए, तो उसने सिद्ध कर दिया कि असंभवता ही उसकी महिमा का मंच है।
वह विश्वास के साथ आगे बढ़ने का आदेश देता है - " आगे बढ़ो।"
पानी तभी दो भागों में बँटता है जब आज्ञाकारिता आगे आती है।

प्रेरितों के काम 16:
परमेश्वर कह रहे हैं, “आधी रात में मेरी स्तुति करो।”
पौलुस और सीलास, जो पीटे गए थे और जंजीरों में जकड़े हुए थे, तब तक प्रार्थना करते और गाते रहे जब तक कि स्वर्ग पृथ्वी को हिला नहीं दिया।

दरवाजे प्रयास से नहीं बल्कि पूजा से खुलते हैं।
परमेश्वर अभी भी अपने लोगों की स्तुति में निवास करता है।

2. यीशु क्या कह रहे हैं?

निर्गमन 14 में वह अदृश्य सेनापति है जो इस्राएल और शत्रु के बीच खड़ा है - बादल और आग का खंभा।
प्रेरितों के काम 16 में वह मुक्तिदाता है जो बन्दीगृहों को उपदेश-मंचों में बदल देता है।
यीशु कह रहे हैं, "डरो मत। जब तुम मुझे ऊपर उठाओगे, तो ज़ंजीरें गिर जाएँगी।"

3. पवित्र आत्मा क्या कह रहा है?

आत्मा फुसफुसाती है, “आज्ञाकारिता समुद्र को खोल देती है; आराधना जंजीरों को तोड़ देती है।”
वह मुझसे आग्रह करते हैं कि मैं विश्लेषण करना बंद कर दूं और आगे बढ़ना शुरू कर दूं।
वह सिखाते हैं कि विश्वास और प्रशंसा विजय की भाषा हैं।

4. भविष्यद्वक्ता, प्रेरित, या लेखक आत्मा के निर्देश से क्या कह रहा है?

मूसा ने लाल सागर के चमत्कार का वर्णन प्रकृति और राष्ट्रों पर परमेश्वर के प्रभुत्व को प्रकट करने के लिए किया।
लूका प्रेरितों के काम 16 में यह दिखाने के लिए लिखता है कि सुसमाचार को कैद नहीं किया जा सकता।
दोनों ही घोषणा करते हैं कि परिस्थितियाँ विश्वासियों को घेर सकती हैं, लेकिन परमेश्वर की उपस्थिति उनके भीतर ही होती है।

5. मैं क्या सीख रहा हूँ?

घबराहट चमत्कारों को विलंबित करती है; आज्ञाकारिता उन्हें मुक्त करती है।

परमेश्वर उन लोगों के लिए लड़ता है जो विश्वास में स्थिर रहते हैं।

दर्द में प्रशंसा करना दुश्मन पर चिल्लाने से भी अधिक उसे भ्रमित करता है।

हर बाधा गवाही के लिए एक अवसर छुपाती है।

6. मुझे क्या करने की आज्ञा दी जा रही है या क्या सिखाया जा रहा है?

जब मुझे रास्ता न दिखे तब भी आगे बढ़ो।

पूजा के लिए व्यापार शिकायत.

परमेश्वर के समय पर भरोसा रखें—वह भोर की तरह ही आधी रात को भी समुद्र को दो भागों में बाँट देता है।

जंजीरों में बंधे रहने के दौरान दूसरों को गाने के लिए प्रोत्साहित करें।

7. मुझे इसे कैसे लागू करना चाहिए?

जब डर बढ़े, तो व्याख्या करना बंद कर दें और परमेश्वर के वादे की घोषणा करना शुरू करें।

हर सुबह की शुरुआत चिंता करने के बजाय आराधना गीत से करें।

संकट के समय, रुककर पूछें, "परमेश्वर मुझसे आगे क्या करने के लिए कह रहा है?"

कृतज्ञता सूची को अपनी व्यक्तिगत "गीत पुस्तिका" के रूप में रखें।

8. मुझे इसे कब लागू करना चाहिए?

तुरन्त - विलंबित विश्वास का अर्थ है कम हुआ विश्वास।
लाल सागर के प्रत्येक क्षण और प्रत्येक मध्य रात्रि सेल को तत्काल विश्वास की आवश्यकता होती है।

9. जब मैंने इसे लागू किया तो परिणाम क्या था?

आतंक की जगह शांति आ गयी।
मैंने परमेश्वर का मार्ग देखना शुरू कर दिया, जहाँ पहले मैं केवल दबाव ही देखता था।
आँसुओं के साथ प्रशंसा करने से अप्रत्याशित समाधान सामने आए; जिन दीवारों को मैं स्थायी समझता था, वे हिलने लगीं।

10. गवाही क्या है?

आज्ञाकारिता ने ऐसे दरवाजे खोल दिए जिनमें चाबी नहीं घुस सकती थी।
जब मैंने कमजोरी में आराधना की, तो मुझे शक्ति के परमेश्वर से मुलाकात हुई।
इस्राएल की तरह मैं सूखी ज़मीन पर चला; पौलुस की तरह मैं कैद से बाहर निकलने के लिए गीत गाता रहा।
वचन काम कर गया।

11. आज मैं इसे किसके साथ साझा कर सकता हूँ?

कोई भी व्यक्ति जो असंभव समुद्र के सामने खड़ा हो या किसी शांत कोठरी में बैठा हो।
मैं उनसे कहूँगा: "चलते रहो। गाते रहो। ईश्वर अभी भी समुद्रों को चीरता है और कारागारों को हिलाता है।"

सारांश अंतर्दृष्टि

निर्गमन 14 दिखाता है कि आज्ञाकारिता बाहरी छुटकारा लाती है।
प्रेरितों के काम 16 दिखाता है कि उपासना आंतरिक मुक्ति लाती है।
साथ मिलकर वे यह सिद्ध करते हैं कि जो परमेश्वर जल को विभाजित करता है, वह जंजीरों को भी तोड़ देता है।
स्वतंत्रता का अर्थ परेशानी का अभाव नहीं है - यह उसके बीच में अग्नि से भरे विश्वास की उपस्थिति है।

"यहोवा तुम्हारे लिये लड़ेगा, और तुम चुप रहो।" — निर्गमन 14:14
"आधी रात को पौलुस और सीलास प्रार्थना करते और परमेश्वर की स्तुति में गीत गाते रहे।"—प्रेरितों के काम 16:25

निष्कर्ष

"वह अपने सेवकों को आग की ज्वाला बनाता है ।" — इब्रानियों 1: 7

मुक्ति यात्रा का अंत नहीं है; यह भाग्य का द्वार है।
इन चालीस दैनिक घोषणाओं का उद्देश्य कभी भी दिनचर्या में समाप्त होना नहीं था - इन्हें एक जीवनशैली को प्रज्वलित करने के लिए डिज़ाइन किया गया था।
आपने केवल पृष्ठों के माध्यम से प्रार्थना नहीं की है; आपने अपने हृदय की वेदी का पुनर्निर्माण किया है।
आपने भय को विश्वास से, दुर्बलता को आराधना से, तथा भ्रम को संगति से बदल दिया है।

अब जीत की असली परीक्षा आती है: अंतरंगता के माध्यम से रखरखाव।
अपनी आग जलाए रखो.
जिस अनुशासन ने यह ज्योति जलाई है, वही अनुशासन इसे जीवित रखेगा।
इसे प्रतिदिन वचन से पोषित करें; आज्ञाकारिता से इसकी रक्षा करें; प्रेम और सेवा के द्वारा इसे फैलाएँ।

जिस शत्रु से आप कभी डरते थे, अब वह आपके प्रकाश से डरता है।
अब आप युद्ध के शिकार नहीं हैं; आप योद्धा-राजा के वाहन हैं।
वही आत्मा जिसने यीशु को मृतकों में से जीवित किया था, अब आपके नश्वर शरीर को जीवित करता है, आपके मन को शांति से भरता है, और आपके घर को अपनी उपस्थिति से भर देता है।

"क्योंकि तुम पहले अंधकार में थे परन्तु अब प्रभु में ज्योति हो, ज्योति की सन्तान के समान चलो।" - इफिसियों 5: 8

पीछे मुड़कर मत देखो। उन दरवाज़ों को दोबारा मत खोलो जिन्हें अनुग्रह ने बंद कर दिया है।
बाड़ की रखवाली करो। दीपक को काटकर जलाते रहो।
और जब परीक्षाएँ आएँ, तो जंगल में यीशु को याद करें - उन्होंने अंधकार की हर आवाज़ का उत्तर "यह लिखा है" के साथ दिया।
अपनी तलवार को हमेशा अपने मुँह में तेज़ रखो।

आपका कमीशन

1. वचन में बने रहें - पवित्रशास्त्र आपकी ऑक्सीजन है; इसे प्रतिदिन सांस के रूप में लें।

2. संगति में बने रहें - अलगाव आग को कमजोर करता है; एकता इसे बढ़ाती है।

3. कृतज्ञता में रहें - धन्यवाद देने से स्वर्ग के द्वार खुले रहते हैं।

4. अपने काम पर बने रहें - आपको बैठने के लिए नहीं भेजा गया है; आपको सेवा करने के लिए भेजा गया है।

जिस परमेश्वर ने शुद्धिकरण का यह कार्य आरम्भ किया है, वही इसे पूर्ण भी करेगा।
अब आप एक जीवित वेदी हैं - उसका निवास, उसका साक्षी, उसकी ज्वाला।

अपनी आवाज़ उठाइये और विश्वास के साथ घोषणा कीजिये:

"प्रभु, मैं आपका हूँ—शरीर, प्राण और आत्मा।
मेरी वेदी पर आपकी अग्नि कभी न बुझे ।
मेरे जीवन का उपयोग दूसरों को प्रकाश देने के लिए करें जब तक कि
राष्ट्र आपकी महिमा को न देख लें।"

आमीन.

दोबारा जन्म कैसे लें और मसीह के साथ एक नया जीवन कैसे शुरू करें

हो सकता है कि आप पहले भी यीशु के साथ चल चुके हों, या हो सकता है कि आप उनसे इन 40 दिनों में ही मिले हों। लेकिन अभी, आपके अंदर कुछ हलचल हो रही है।

आप धर्म से कहीं ज़्यादा के लिए तैयार हैं।
आप **रिश्तों के लिए तैयार हैं** ।
आप यह कहने के लिए तैयार हैं, "हे यीशु, मुझे आपकी ज़रूरत है।"

सच्चाई यह है:

"क्योंकि सब ने पाप किया है; हम सब परमेश्वर की महिमा की माप से रहित हैं... तौभी परमेश्वर अपने अनुग्रह से हमें अपनी दृष्टि में सेंतमेंत धर्मी ठहराता है।"
- रोमियों 3:23–24

आप मुक्ति नहीं कमा सकते।
आप खुद को ठीक नहीं कर सकते। लेकिन यीशु ने पहले ही पूरी कीमत चुका दी है - और वह आपका घर में स्वागत करने के लिए इंतज़ार कर रहा है।

दोबारा जन्म कैसे लें

नये सिरे से जन्म लेने का अर्थ है अपने जीवन को यीशु के हाथों में सौंपना - उसकी क्षमा को स्वीकार करना, यह विश्वास करना कि वह मरा और फिर जी उठा, और उसे अपने प्रभु और उद्धारकर्ता के रूप में स्वीकार करना।

यह सरल है। यह शक्तिशाली है। यह सब कुछ बदल देता है।

ज़ोर से प्रार्थना करें:

"प्रभु यीशु, मैं विश्वास करता हूँ कि आप परमेश्वर के पुत्र हैं। मेरा मानना है कि आप मेरे पापों के लिए मरे और फिर से जी उठे। मैं स्वीकार करता हूँ कि मैंने पाप किया है और मुझे आपकी क्षमा की आवश्यकता है। आज, मैं पश्चाताप करता हूँ और अपने पुराने मार्गों से फिरता हूँ। मैं आपको अपने जीवन में अपने प्रभु और उद्धारकर्ता के रूप में आमंत्रित करता हूँ। मुझे धोकर शुद्ध करें। मुझे अपनी आत्मा से भर दें। मैं घोषणा करता हूँ कि मैं नया जन्म, क्षमा और स्वतंत्र हूँ। आज से, मैं आपका अनुसरण करूँगा—और आपके पदचिन्हों पर चलूँगा। मुझे बचाने के लिए धन्यवाद। यीशु के नाम में, आमीन।"

उद्धार के बाद अगले कदम

1. **किसी को बताएं** - अपने निर्णय को उस विश्वासी के साथ साझा करें जिस पर आप भरोसा करते हैं।
2. **बाइबल-आधारित चर्च खोजें - ऐसे समुदाय से जुड़ें जो परमेश्वर के वचन की शिक्षा देता है और उसे जीवन में उतारता है।** https://www.otakada.org या https://chat.whatsapp.com/H67spSun32DDTma8TLh0ov के ज़रिए ऑनलाइन गॉड्स ईगल मिनिस्ट्रीज़ पर जाएँ।

3. **बपतिस्मा लें** - अपने विश्वास की घोषणा करने के लिए सार्वजनिक रूप से अगला कदम उठाएँ।
4. **प्रतिदिन बाइबल पढ़ें** - यूहन्ना के सुसमाचार से शुरू करें।
5. **प्रतिदिन प्रार्थना करें** – परमेश्वर से मित्र और पिता के रूप में बात करें।
6. **जुड़े रहें** - अपने आसपास ऐसे लोगों को रखें जो आपकी नई राह को प्रोत्साहित करते हैं।
7. **समुदाय के भीतर शिष्यत्व प्रक्रिया शुरू करें** - इन लिंक के माध्यम से यीशु मसीह के साथ व्यक्तिगत संबंध विकसित करें

40-दिवसीय शिष्यत्व 1 - https://www.otakada.org/get-free-40-days-online-discipleship-course-in-a-journey-with-jesus/

40 शिष्यत्व 2 - https://www.otakada.org/get-free-40-days-dna-of-discipleship-journey-with-jesus-series-2/

मेरी मुक्ति का क्षण

तारीख : ______________________

हस्ताक्षर : ____________________

"यदि कोई मसीह में है तो वह नई सृष्टि है; पुरानी बातें बीत गई हैं; देखो, सब नई हो गई हैं!"
—2 कुरिन्थियों 5:17

मसीह में नए जीवन का प्रमाण पत्र

उद्धार की घोषणा – अनुग्रह द्वारा पुनर्जन्म

यह प्रमाणित करता है कि

____

(पूरा नाम)

यीशु मसीह को प्रभु और उद्धारकर्ता के रूप में
सार्वजनिक रूप से विश्वास घोषित किया है और उसकी मृत्यु और पुनरुत्थान के माध्यम से मुक्ति का मुफ्त उपहार प्राप्त किया है।

"यदि तुम खुलकर घोषणा करो कि यीशु प्रभु है और अपने मन में विश्वास करो कि परमेश्वर ने उसे मरे हुओं में से जिलाया, तो तुम निश्चय उद्धार पाओगे।"
— रोमियों 10:9 (NLT)

इस दिन स्वर्ग आनन्दित होता है और एक नई यात्रा शुरू होती है।

निर्णय की तिथि : ____________________________

हस्ताक्षर : ____________________________________

मुक्ति घोषणा

"आज, मैं अपना जीवन यीशु मसीह को समर्पित करता हूँ। मेरा मानना है कि उन्होंने मेरे पापों के लिए प्राण त्यागे और फिर से जी उठे। मैं उन्हें अपना प्रभु और उद्धारकर्ता स्वीकार करता हूँ। मुझे क्षमा कर दिया गया है, मेरा पुनर्जन्म हुआ है और मैं नया बना हूँ। अब से, मैं उनके पदचिन्हों पर चलूँगा।"

वेलकम टू द फैमिली ऑफ गॉड!

आपका नाम मेमने की जीवन की पुस्तक में लिखा है।
आपकी कहानी अभी शुरू हुई है—और यह अनंत है।

गॉड्स ईगल मिनिस्ट्रीज़ से जुड़ें

- वेबसाइट: www.otakada.org
- चिंता से परे धन श्रृंखला: www.wealthbeyondworryseries.com
- ईमेल: ambassador@otakada.org

- **इस कार्य का समर्थन करें:**

वाचा-आधारित दान के माध्यम से राज्य परियोजनाओं, मिशनों और निःशुल्क वैश्विक संसाधनों का समर्थन करें।

दान देने के लिए QR कोड स्कैन करें
https://tithe.ly/give?c=308311

आपकी उदारता हमें ज़्यादा लोगों तक पहुँचने, संसाधनों का अनुवाद करने, मिशनरियों का समर्थन करने और विश्व स्तर पर शिष्यत्व प्रणालियाँ बनाने में मदद करती है। धन्यवाद!

Give in the Spirit of Luke 6:38

3. हमारे व्हाट्सएप वाचा समुदाय में शामिल हों

अपडेट, भक्ति सामग्री प्राप्त करें, और दुनिया भर में वाचा-दिमाग वाले विश्वासियों से जुड़ें।

जुड़ने के लिए स्कैन करें
https://chat.whatsapp.com/H67spSun32DDTma8TLh0ov

लेखकों के बारे में

ज़कारियास गॉडसीगल

ज़करियास गॉडसीगल , एक भविष्यवक्ता और शिक्षक हैं जो विश्वासियों के हृदय में परमेश्वर के वचन को जीवंत करने के लिए समर्पित हैं। आध्यात्मिक युद्ध, प्रार्थना और मुक्ति के बारे में अपनी गहरी अंतर्दृष्टि के लिए जाने जाने वाले, उन्होंने कई भक्ति-पुस्तकें और भविष्यसूचक मार्गदर्शिकाएँ लिखी हैं जो व्यक्तियों, परिवारों और राष्ट्रों में परिवर्तन की प्रेरणा देती हैं। उनके लेखन दैनिक विजय और राज्य की उन्नति के लिए पवित्रशास्त्र के व्यावहारिक अनुप्रयोग पर ज़ोर देते हैं।

कम्फर्ट लेडी ओग्बे

कम्फर्ट लेडी ओगबे प्रार्थना, मध्यस्थता और व्यावहारिक सेवा में तत्पर हैं। उन्होंने अपना जीवन आत्माओं के पोषण, मध्यस्थों को तैयार करने और महिलाओं व परिवारों को संपूर्णता से जीने के लिए तैयार करने के लिए समर्पित कर दिया है—आत्मा, प्राण और शरीर। उनकी शिक्षा और पादरी-देखभाल करुणामय हृदय को दर्शाती है, जो लोगों को मसीह के उपचारात्मक आलिंगन में खींचती है और उन्हें अपने ईश्वर-प्रदत्त भाग्य को जानने के लिए सशक्त बनाती है।

राजदूत मंडे ओ. ओगबे

राजदूत मंडे ओ. ओगबे एक **राष्ट्रीय परिवर्तन रणनीतिकार** , मंत्री और सलाहकार हैं जो आस्था, शासन और सुरक्षा रणनीति के बीच सेतु का काम करते हैं। वे **गॉड्स ईगल मिनिस्ट्रीज़ (GEM) के संस्थापक हैं**

और राज्य के सिद्धांतों का उपयोग करते हुए नेतृत्व, सुरक्षा और परिवर्तन के लिए राष्ट्रीय ब्लूप्रिंट विकसित करने में महत्वपूर्ण भूमिका निभाते रहे हैं। उनके लेखन और शिक्षाएँ विश्वासियों को सुधारक के रूप में उभरने, अंतर्दृष्टि, तकनीक और सहयोग के माध्यम से राष्ट्रों का पुनर्निर्माण करने, और प्रार्थना और आध्यात्मिक युद्ध में गहराई से जुड़े रहने का आह्वान करती हैं।

प्रकाशकों

जकारिया गॉडसीगल और **गॉड्स ईगल मिनिस्ट्रीज (जीईएम)** के संयुक्त प्रकाशन के तहत प्रकाशित की गई है , जो राष्ट्रों में शिष्यत्व, उद्धार और परिवर्तन के लिए मसीह के शरीर को उपकरणों से सुसज्जित करने के लिए समर्पित मंत्रालय है।

अनुशंसित पुस्तकें और संसाधन

बचाया गया लेकिन खोया हुआ - शिष्यहीन धर्मांतरित - 25 भाषाओं में अनुवादित

किताबचा

https://shop.ingramspark.com/b/084?params=iYNB6S3PLMfREpm0jMM15bMe3BvWlkjcYyLYnHVGAds

ईबुक - https://www.amazon.com/SAVED-BUT-LOST-UNDISCIPLED-heartbreak-ebook/dp/B0FVJ29DF7

आध्यात्मिक युद्ध और पुनर्प्राप्ति के 7 दिन - यह भाग 1 है

शत्रु को बांधना, तीरों को सात गुना वापस करना, और अपना भाग्य पुनः स्थापित करना

https://shop.ingramspark.com/b/084?params=8mPzqUl73Ex7uPyeO7ydyt8EGkkB6u2gX1jZvWU8j1C

ई-बुक लिंक - https://www.amazon.com/DAYS-SPIRITUAL-WARFARE-RECOVERY-Returning-ebook/dp/B0FMPJM5KZ

आध्यात्मिक युद्ध और पुनर्प्राप्ति के 7 दिन - भाग 2 - विजय की मुहर लगाना, घरेलू दुष्टता को तोड़ना, और अपने पुनर्स्थापित भाग्य को सुरक्षित रखना

पेपरबैक - https://shop.ingramspark.com/b/084?params=LkpNmGSsApHhWhiSO7bW3wFmcXQKIO4ZEBeSbP5rL1S

ईबुक - https://www.amazon.com/DAYS-SPIRITUAL-WARFARE-RECOVERY-Wickedness-ebook/dp/B0FR9YCMY8

अंधकार से प्रभुत्व की ओर: अंधकार की गुप्त पकड़ से मुक्त होने के लिए 40 दिन

–

जागरूकता, मुक्ति और शक्ति की एक वैश्विक भक्ति - उन व्यक्तियों, परिवारों और राष्ट्रों के लिए जो स्वतंत्र होने के लिए तैयार हैं

किताबचा

https://shop.ingramspark.com/b/084?params=aVgp21QfwJxNANkfMxIQ0yejuFCVY12KFr978SRkZUD

अमेज़न लिंक - https://www.amazon.com/DARKNESS-DOMINION-Devotional-Awareness-Deliverance-ebook/dp/B0FLDH2Y67

- ***अंधकार की शक्ति से मुक्ति*** **(पेपरबैक)** - यहाँ से खरीदें | अमेज़न पर ई-बुक

    - **संयुक्त राज्य अमेरिका से शीर्ष समीक्षाएं:**
        - **किंडल ग्राहक** : "अब तक का सबसे अच्छा ईसाई पाठ!" (5 सितारे)

इस गवाही के लिए यीशु की स्तुति करो। मुझे बहुत आशीष मिली है और मैं सभी को यह किताब पढ़ने की सलाह दूँगा... क्योंकि पाप की मज़दूरी तो मृत्यु है, परन्तु परमेश्वर का वरदान अनन्त जीवन है। शालोम! शालोम!

- **दा गस्टर** : "यह एक बहुत ही रोचक और अजीब किताब है।" (5 सितारे)

यदि पुस्तक में कही गई बातें सच हैं तो हम वास्तव में दुश्मन की क्षमता से बहुत पीछे हैं! ... आध्यात्मिक युद्ध के बारे में जानने के इच्छुक किसी भी व्यक्ति के लिए यह पुस्तक आवश्यक है।

- **वीज़ा** : "मुझे यह किताब बहुत पसंद है" (5 सितारे)

यह आँखें खोलने वाला है... एक सच्चा इक़बालिया बयान... पिछले कुछ समय से मैं इसे खरीदने के लिए हर जगह ढूँढ रहा था। अमेज़न से इसे पाकर बहुत खुश हूँ।

- **फ्रैंकजेएम** : "काफी अलग" (4 सितारे)

यह किताब मुझे याद दिलाती है कि आध्यात्मिक युद्ध कितना वास्तविक है। यह मुझे "परमेश्वर के सम्पूर्ण कवच" धारण करने का कारण भी याद दिलाती है।

- **जेनजेन** : "जो कोई भी स्वर्ग जाना चाहता है - इसे पढ़ें!" (5 सितारे)

इस किताब ने मेरी ज़िंदगी बहुत बदल दी। जॉन रामिरेज़ की गवाही के साथ, यह आपको अपने विश्वास को एक अलग नज़रिए से देखने पर मजबूर कर देगी। मैंने इसे 6 बार पढ़ा है!

- *एक्स-सैटनिस्ट: द जेम्स एक्सचेंज* (पेपरबैक) — यहाँ से खरीदें | अमेज़न पर ई-बुक

- ***एक अफ़्रीकी पूर्व शैतानवादी की गवाही*** - *पादरी जोनास लुकुंटू म्पला* (पेपरबैक) — यहाँ से खरीदें | अमेज़न पर ई-बुक

- *ग्रेटर एक्सप्लॉइट्स 14* (पेपरबैक) — यहाँ से खरीदें | अमेज़न पर ई-बुक

- जॉन रामिरेज़ द्वारा लिखित *आउट ऑफ़ द डेविल्स कौल्ड्रॉन* — अमेज़न पर उपलब्ध

- रेबेका ब्राउन द्वारा लिखित ' *वह बंदियों को आज़ाद कराने आया था'* - अमेज़न पर खोजें

लेखक द्वारा प्रकाशित अन्य पुस्तकें – 1000 से अधिक शीर्षक

प्रेम, चयन और संपूर्ण : अस्वीकृति से पुनर्स्थापना तक की 30-दिवसीय यात्रा का विश्व की 40 भाषाओं में अनुवाद

https://www.amazon.com/Loved-Chosen-Whole-Rejection-Restoration-ebook/dp/B0F9VSD8WL

https://shop.ingramspark.com/b/084?params=xga0WR16muFUwCoeMUBHQ6HwYjddLGpugQHb3DVa5hE

उनके कदमों में - एक 40-दिवसीय WWJD चुनौती:

दुनिया भर में वास्तविक जीवन की कहानियों में यीशु की तरह जीना

https://www.amazon.com/His-Steps-Challenge-Real-Life-Stories-ebook/dp/B0FCYTL5MG

https://shop.ingramspark.com/b/084?params=DuNTWS59IbkvSKtGFbCbEFdv3Zg0FaITUEvlK49yLzB

यीशु द्वार पर:

40 हृदय विदारक कहानियाँ और आज के चर्चों के लिए स्वर्ग की अंतिम चेतावनी

https://www.amazon.com/dp/B0FDX31L9F

https://shop.ingramspark.com/b/084?params=TpdA5j8WPvw83glJ12N1B3nf8LQte2a1lIEy32bHcGg

JESUS AT THE DOOR
40
HEARTBREAKING
STORIES AND
HEAVEN'S FINAL
WARNING TO
TODAY'S
CHURCHES
ZACHARIAS GODSEAGLE,
COMFORT LADI OGBE,
AMBASSADOR MONDAY O. OGBE

वाचा का जीवन: व्यवस्थाविवरण 28 की आशीष में 40 दिन चलना

- https://www.amazon.com/dp/B0FFJCLDB5

वास्तविक लोगों की कहानियाँ, वास्तविक आज्ञाकारिता, और वास्तविक

https://shop.ingramspark.com/b/084?params=bH3pzfz1zdCOLpbs7tZYJNYgGcYfU32VMz3J3a4e2Qt

20 से अधिक भाषाओं में परिवर्तन

उसे जानना और उसे जानना:

उपचार, समझ और स्थायी प्रेम के लिए 40 दिन

https://www.amazon.com/KNOWING-HER-HIM-Healing-Understanding-ebook/dp/B0FGC4V3D9

https://shop.ingramspark.com/b/084?params=vC6KCLoI7Nnum24BVmBtSme9i6k59p3oynaZOY4B9Rd

पूर्ण करें, प्रतिस्पर्धा नहीं:

उद्देश्य, एकता और सहयोग की 40-दिवसीय यात्रा

https://shop.ingramspark.com/b/084?params=5E4v1tHgeTqOOuEtfTYUzZDzLyXLee30cqYo0Ov9941

https://www.amazon.com/COMPLETE-NOT-COMPETE-Journey-Collaboration-ebook/dp/B0FGGL1XSQ/

दिव्य स्वास्थ्य कोड - परमेश्वर के वचन और सृष्टि के माध्यम से उपचार को सक्रिय करने की 40 दैनिक कुंजियाँ, पौधों, प्रार्थना और भविष्यसूचक कार्यों की उपचार शक्ति को अनलॉक करें

https://shop.ingramspark.com/b/084?params=xkZMrYcEHnrJDhe1wuHHYixZDViiArCeJ6PbNMTbTux

https://www.amazon.com/dp/B0FHJT42TK

https://www.amazon.com/stores/Ambassador-Monday-O.-Ogbe/author/B07MSBPFNX **पर देखी जा सकती हैं**

www.ingramcontent.com/pod-product-compliance
Lightning Source LLC
LaVergne TN
LVHW040437051026
849517LV00002B/646